"十四五"时期国家重点出版物出版专项规划项目

深中通道建设关键技术丛书

广东省重点领域研发计划项目（2019B111106002）

悬索桥主缆长效防腐关键技术

宋神友　赵　军　张海良　刘　健　陈伟乐◎著

人民交通出版社股份有限公司

北　京

内 容 提 要

本书结合深中通道伶仃洋大桥主缆的承载特征和海洋环境下的服役特点,介绍了主缆结构特点、腐蚀类型、影响因素,结合新型镀层主缆钢丝腐蚀疲劳试验研究成果,研究分析了应力腐蚀性能和腐蚀疲劳性能,针对主缆所采用的防腐新材料和新技术,介绍了耐久性为普通热镀锌钢丝3倍以上的新型锌基多元合金2060MPa超高强度主缆钢丝、新型多元合金超高强度热镀钢丝索股技术、新型复合防护缠绕防护体系、主缆智慧除湿系统以及锌铝镁多元合金镀层自修复新技术,提出了具有自感知、自调节、自保护功能的主缆耐久性保障技术。

本书可供桥梁工程专业技术人员、高校师生参考。

图书在版编目(CIP)数据

悬索桥主缆长效防腐关键技术 / 宋神友等著. — 北京:人民交通出版社股份有限公司,2023.7
ISBN 978-7-114-18666-0

Ⅰ.①悬… Ⅱ.①宋… Ⅲ.①悬索桥—主缆—防腐—研究 Ⅳ.①U448.25

中国国家版本馆 CIP 数据核字(2023)第 041800 号

Xuansuoqiao Zhulan Changxiao Fangfu Guanjian Jishu

| 书　　名:悬索桥主缆长效防腐关键技术
| 著 作 者:宋神友　赵　军　张海良　刘　健　陈伟乐
| 责任编辑:郭红蕊
| 责任校对:孙国靖　宋佳时
| 责任印制:张　凯
| 出版发行:人民交通出版社股份有限公司
| 地　　址:(100011)北京市朝阳区安定门外外馆斜街 3 号
| 网　　址:http://www.ccpcl.com.cn
| 销售电话:(010)59757973
| 总 经 销:人民交通出版社股份有限公司发行部
| 经　　销:各地新华书店
| 印　　刷:北京印匠彩色印刷有限公司
| 开　　本:787×1092　1/16
| 印　　张:11.25
| 字　　数:238 千
| 版　　次:2023 年 7 月　第 1 版
| 印　　次:2023 年 7 月　第 1 次印刷
| 书　　号:ISBN 978-7-114-18666-0
| 定　　价:50.00 元

(有印刷、装订质量问题的图书,由本公司负责调换)

丛书编审委员会

总 顾 问：周 伟 周荣峰 王 太 贾绍明
主　　任：邓小华 黄成造
副 主 任：职雨风 吴玉刚 王康臣
执行主编：陈伟乐 宋神友
副 主 编：刘加平 樊健生 徐国平 代希华 潘 伟 吕卫清
　　　　　吴建成 范传斌 钟辉虹 陈 越 刘亚平 熊建波
专家组成员：
　　综合组：
　　　　周 伟 贾绍明 周荣峰 王 太 黄成造 何镜堂
　　　　郑健龙 陈毕伍 李 为 苏权科 职雨风 曹晓峰
　　桥梁工程组：
　　　　凤懋润 周海涛 秦顺全 张喜刚 张劲泉 邵长宇
　　　　陈冠雄 黄建跃 史永吉 葛耀君 贺拴海 沈锐利
　　　　吉 林 张 鸿 李军平 胡广瑞 钟显奇
　　岛隧工程组：
　　　　徐 光 钱七虎 缪昌文 聂建国 陈湘生 林 鸣
　　　　朱合华 陈韶章 王汝凯 蒋树屏 范期锦 吴建成
　　　　刘千伟 吴 澎 谢永利 白 云
　　建设管理组：
　　　　李 斌 刘永忠 王 璜 王安福 黎 侃 胡利平
　　　　罗 琪 孙家伟 苏志东 代希华 杨 阳 王啟铜
　　　　崔 岗 马二顺

本书编写组

组　　长：宋神友　赵　军　张海良　刘　健　陈伟乐
参与人员：陈焕勇　薛花娟　刘天成　黄冬芳　倪　雅　盛建军
　　　　　范国政　童俊豪　许晴爽　付佰勇　程　潜　胡东辉
　　　　　胡羽波　吴玲正　邹　威　徐　军　王　飞　刘　俊
　　　　　张　斌

序　言

　　桥梁代表着交通运输基础设施建设的最高水平,也是展示我国改革开放巨大成就和综合国力的重要符号。深中通道宛若"巨龙"横卧伶仃洋海域,项目建设对于推进珠三角东西两岸产业互联在通以及各类要素的高效配置,加快粤东、粤西地区振兴发展以及广东自由贸易试验区发展,推动粤港澳大湾区城市合作,助推广东经济转型、城市转型,具有重要战略意义。

　　伶仃洋大桥为主跨1666m三跨全漂浮式悬索桥,是深中通道项目关键性工程之一,由于跨海悬索桥主缆长期处于高温、高湿和海水侵蚀的恶劣环境中,主缆的耐久性问题一直是桥梁设计师和研究人员关注的焦点,如何保护主缆减少腐蚀成为悬索桥运营期间的核心问题。因此,研究悬索桥主缆长效防腐的关键技术,不仅是桥梁建设和运营维护的重大课题,也是保障桥梁安全的重要内容。该工程首次采用强度2060MPa、直径6mm的锌铝多元合金镀层超高强度大直径主缆钢丝,技术水平位居国际前列。

　　本书作者团队基于理论研究、技术创新和工程实践,深入研究了高温、高湿、高盐的恶劣环境下大跨径悬索桥主缆的长寿命问题,从设计、材料、制造和运维等角度全方位地总结提升主缆长效防腐的技术措施。从大跨径悬索桥主缆的受力特点和服役环境出发,揭示海洋环境下锌铝多元合金镀层高强度主缆钢丝的腐蚀疲劳机理;揭示合金元素对锌铝镀层性能的影响规律,研制锌铝多元合金镀层超高强大直径主缆钢丝及索股产品,并对产品的耐久性和可靠性进行验证;研究提出新型缆内湿度及温度监测自感知技术、新型复合缠绕防护体系和新型干空气系统自调节技术、锌铝多元合金镀层自修复等关键技术。本书的研究成果已在深中通道重大工程中实施应用,取得了良好的成果,为推动行业技术进步做出了重要实践。

　　本书是针对悬索桥主缆长效防腐关键技术研究成果的总结,从基本理论,到具体的材料、制造和施工技术措施，再到实际工程的应用，内容全面。相信本书可为从事大跨径悬索桥建设的技术和科研人员在主缆耐久性能提升方面提供新的思路，非常高兴看到此书的出版，特为之序。

中国工程院院士
全国工程设计勘察大师
2023 年 7 月

前 言

伶仃洋大桥是粤港澳大湾区超级工程深中通道关键控制性工程,全长 2826m,为主跨 1666m 的三跨全漂浮体系钢箱梁悬索桥,是世界最大跨径全离岸海中悬索桥;桥面高达 91m,为世界最高桥面海中大桥;锚碇重达 170 万 t,是世界最大海中锚碇。伶仃洋大桥建成通车后,在珠江口东西两岸之间建起重要的交通纽带。通过基础设施互联互通,促进资源要素的融合与共享,为粤港澳大湾区各城市经济社会发展提供了重要支撑。

伶仃洋大桥于 2018 年 9 月 6 日正式开工建设,经过全体建设者的努力,2023 年 4 月 28 日,伶仃洋大桥合龙。为更好地总结悬索桥主缆长效防腐经验,推动我国桥梁事业的发展,特编写本书。

伶仃洋大桥作为全离岸海中悬索桥,主缆全部处于"高温、高湿、高盐"的"三高"环境中,导致主缆腐蚀问题较为突出。目前国内外已建悬索桥主缆钢丝受腐蚀而失效的问题日益严重,成为世界范围内广受关注的问题,严重影响悬索桥的安全使用寿命。然而,传统主缆防护效果不太理想,亟须寻找新的方法和技术来解决主缆钢丝腐蚀问题。本书在广东省重点领域研发计划项目"重大跨海通道全寿命周期安全保障关键技术"(2019B111106002)课题二"悬索桥主缆长效防腐新技术"研究成果基础上,从主缆防腐现状和腐蚀机理出发,详细介绍了悬索桥主缆长效防腐关键技术。

本书结合伶仃洋大桥主缆的承载特征和海洋环境下的服役特点,首先介绍了主缆结构特点、腐蚀类型、影响因素及国内外防腐现状;其次结合新型镀层主缆钢丝腐蚀疲劳试验研究成果,研究分析了应力腐蚀性能和腐蚀疲劳性能;针对主缆所采用的防腐新材料和新技术,介绍了耐久性为普通热镀锌钢丝 3 倍以上的新型锌基多元合金 2060MPa 超高强度主缆钢丝、新型多元合金超高强度热镀钢丝索股技术、新型复合防护缠绕防护体系、主缆智慧除湿系统以及锌铝镁多元合金镀层自修复新技术;最后提出了具有自感知、自调节、自保护功能的主缆耐久性保障技术。本书所涉及的主缆防腐关键技术成果及示范应用,将为主缆高效防腐性能的系统性提升提供技术支撑和工程应用参考。

在本书的撰写过程中,宋神友负责全书的统稿、定稿,陈伟乐负责第 1 章、第 5 章的编写,赵牢、张海良负责第2章、第3章的编写,刘健负责第4章的编写。参加本书内容编写工作的还有陈焕勇、薛花娟、刘天成、黄冬芳、倪雅、盛建军、范国政、童俊豪、许晴爽、付佰勇、程潜、胡东辉、胡羽波、吴玲正、邹威、徐军、王飞、刘俊、张斌等,对他们为本书相关内容编写所作出的贡献表示感谢!人民交通出版社股份有限公司郭红蕊参加了书稿的审校工作,在此表示感谢!

本书在编写过程中,还得到了江苏法尔胜缆索有限公司、中交公路长大桥建设国家工程研究中心有限公司、上海浦江缆索股份有限公司、江苏东纲金属制品有限公司、宝钢集团南通线材制品有限公司、中交公路规划设计院有限公司、江苏中矿大正表面工程技术有限公司等的大力支持,借此表示衷心的感谢!

本书编写时,引用参考了部分文献资料,特此向这些作者表示谢意。

由于作者水平所限,时间仓促,书中不当之处在所难免,敬请读者多提宝贵意见。

深中通道管理中心　宋神友

2023年6月

目　录

第1章　绪论	1
1.1 悬索桥主缆	1
1.2 主缆的病害及耐久性问题	4
1.3 主缆钢丝腐蚀类型及影响因素	6
1.4 高强度、耐久型主缆钢丝及索股新材料综述	7
1.5 主缆防护技术及主缆除湿系统综述	8
1.6 本章小结	17
第2章　新型镀层主缆钢丝腐蚀疲劳破坏机理	18
2.1 新型镀层主缆钢丝的抗腐蚀性能	18
2.2 新型镀层主缆钢丝的应力腐蚀性能	24
2.3 新型镀层主缆钢丝的腐蚀疲劳性能	28
2.4 本章小结	34
第3章　高强耐久主缆钢丝和索股新材料	35
3.1 耐久型锌铝多元合金镀层防腐技术研究	35
3.2 新型多元合金超高强度热镀钢丝的开发	37
3.3 新型多元合金超高强度热镀钢丝索股的开发	84
3.4 本章小结	117
第4章　具有自感知、自调节、自保护功能的主缆耐久性保障技术	119
4.1 新型复合防护缠绕防护体系	119
4.2 智慧索股自感知技术	121
4.3 新型主缆内温湿度监测感知及干空气系统自调节技术	126
4.4 锌铝镁多元合金镀层自修复关键技术	154
4.5 本章小结	161
第5章　总结与展望	162
参考文献	163

第1章 绪　　论

主缆作为悬索桥不可更换或更换极其困难的主要受力构件之一,一直被称为悬索桥的"生命线"。然而,主缆钢丝在自然环境作用下,腐蚀是难以避免的,因此,必须对主缆进行防护,以延长悬索桥的安全使用寿命。本章重点介绍悬索桥主缆特点、主缆的病害及耐久性问题、主缆钢丝腐蚀疲劳类型及影响因素、主缆钢丝及索股新材料、主缆防护技术及除湿系统的发展现状与不足。

1.1 悬索桥主缆

悬索桥作为建造结构最为复杂、线形最为优美的桥型之一,主要由主塔、锚碇、鞍座、主缆、吊索、桥面承载梁体及附件构成,设计寿命一般为100年及以上,其荷载由吊索传至主缆,再传至锚碇,传力途径简捷、明确,已成为现代大跨径桥梁的首选形式。

世界上很早就出现了使用铁链作为悬索的桥梁,如我国1706年建成的泸定桥,1810年由美国腾普莱曼主持建造的主跨达到74.3m的铁链桥等。此后,美国建造了很多座铁链式桥梁。比如,1883年在纽约市修建了主跨达488m的布鲁克林桥,但其设计主要是凭经验,在主缆之外还增加了若干斜索;1903年建成了主跨为488m的威廉姆斯堡桥;1937年建成了金门大桥,雄峙于美国加利福尼亚州宽1900多米的金门海峡上,其1280m的跨径保持了世界最大跨径桥梁纪录长达27年。

我国悬索桥的历史可以追溯到3000年前,按照时代可以分为古代悬索桥、近代悬索桥和现代悬索桥三个时期。我国真正的大跨径悬索桥建设始于20世纪90年代。1995年,主跨452m的广东汕头海湾大桥建成,其主跨位居预应力混凝土加劲梁悬索桥世界第一。该桥的建成揭开了我国现代化悬索桥建设的新篇章。随后,我国现代化悬索桥建设进入了蓬勃发展期,先后建成了西陵长江大桥、虎门大桥、江阴长江大桥、厦门海沧大桥、宜昌长江大桥、润扬长江大桥、武汉阳逻长江大桥、广州黄埔大桥以及舟山西堠门大桥等。目前在建的大跨径悬索桥有深中通道伶仃洋大桥(图1-1)、张靖皋长江大桥、狮子洋大桥等。

主缆是悬索桥的主要承重构件,由若干根高强度钢丝组成,通过塔顶索鞍悬挂在桥塔上并锚固于两端锚固体中。主缆本身又通过索夹和吊索承受活载和加劲梁(包括桥面)的恒载。除此之外,主缆还分担一部分横向荷载并将它直接传递到塔顶。按照目前的技术手段,大型悬索桥的吊索可实现更换,但主缆基本无法更换或者更换难度较大。而主缆钢丝持续暴露在大气环境下,经受着各种不利因素的侵蚀考验,极易产生锈蚀。锈蚀后的钢丝,其强度会降低,甚至发生断裂,直接影响桥梁的使用寿命和安全。因此,主缆的寿命直接影响甚至决定着悬索桥的使用年限。保证主缆的耐久性至关重要,其防护技术值得相关人员倍加关注。

图 1-1　深中通道伶仃洋大桥

1.1.1　主缆的材料

主缆作为悬索桥中的主要承重构件,要求主缆材料具有高的抗拉强度和较好的延伸率。

主缆经历了钢结构眼杆式缆链、钢丝绳缆、封闭钢绞索缆及平行钢丝主缆几个发展阶段,其中平行钢丝主缆在当今得到广泛使用。

在欧美,近代悬索桥的主缆曾使用过眼杆式缆链,其主要特点是可以随着缆力沿桥的改变而改变主缆截面,经济效益好。1931 年在巴西建成的弗洛里亚诺波利斯桥,为跨径(129 + 340 + 129)m 的悬索桥,其主缆中段和加劲梁上弦合成一体,经济性更加明显。随后,美国也修建了几座这种样式的悬索桥。但利用眼杆作主缆有一个致命的弱点,那就是任一眼杆截面产生裂缝都会导致全桥损坏甚至垮塌。

随着科学技术的发展和新型材料的不断涌现,悬索桥主缆钢丝的制造技术也在不断进步。现如今采用的钢丝多具有抗拉和疲劳强度高而延伸率小的特点,在较小跨径悬索桥中也多使用钢绞线。然而,钢绞线的弹性模量小,使得桥梁的变形比较大,且钢绞线作主缆时不易按主缆的设计截面形状压紧形成索股,不方便制作,制成的主缆后期防护比较困难。所以,现代大跨径悬索桥主缆宜采用弹性模量大的高强度镀锌钢丝。

1.1.2　主缆的类型

在悬索桥主缆的设计中,主缆类型多是由主缆材料的性能要求决定的。主缆主要分为如下两类:

①钢丝绳主缆。其钢丝通常用热轧高碳钢线材制成,主要优点包括:柔软性好,适宜牵引、拉拽、捆扎。当然其也有不足之处,如弹性模量较采用平行钢丝股时小。因此,钢丝绳主缆主要应用于中小跨径悬索桥。

②平行丝股主缆。现代长大悬索桥平行钢丝主缆编制架设方法,通常是将钢丝编成股

(束)架设在两岸锚碇之间,然后将多个索股(丝股)捆扎成一根圆形主缆,按平行钢丝编制成股。平行丝股主缆主要用于较大跨径悬索桥,多采用空中纺丝法(AS法)和预制平行索股法(PPWS法或PS法)架设整条主缆。

1.1.3 主缆的制作

空中纺丝法是利用牵引机械反复拽拉钢丝,在现场制作平行钢丝索股的施工方法。罗勃林于1855年在修建跨径为250m的尼亚加拉桥时,发明了以后许多大跨径悬索桥主缆制作采用的控制绕线法,但此桥的主缆是用熟铁丝编制的。其后,1883年在纽约建成的布鲁克林桥,其主缆采用钢丝制作。

预制平行索股法是将在工厂预制的平行高强度钢丝组成的索股运到工地安装的方法。1965年,美国伯利恒钢铁公司试制成功工厂预制平行丝股主缆,其后许多大跨径悬索桥都加以采用,如美国于1969年建成的跨径为(210+488+210)m的新港桥和1973年建成的跨径为(201+488+201)m的切萨皮克海湾第二桥。日本于20世纪70年代后建成的关门桥、大鸣门桥、南备赞濑户桥、北备赞濑户桥、明石海峡大桥等都采用预制平行索股法;我国自20世纪90年代以来修建的大跨径悬索桥,如汕头海湾大桥、西陵长江大桥、虎门大桥、江阴长江大桥、厦门海沧大桥、宜昌长江大桥等采用的也是预制平行索股法。

1.1.4 主缆的形式

大多数悬索桥采用双面主缆,但也有采用单面主缆的。至于主缆的根数,一般是一侧布置一根。但因主缆太粗、架设困难或者工期限制等原因,也有一侧用两根主缆的设计。若在桥的每侧都用两根主缆,并使两主缆在立面的几何形状不同,则成为复式主缆。我国于1969年建成的重庆北碚朝阳大桥就是采用这种复式主缆。其是以跨中为界,一缆的曲率在跨中的这一侧较大,在另一侧较小;而另一缆的曲率分布就和它相反。这样,当单跨加活载时,该半跨中曲率较大的那一根缆承担较多活载,这就有利于减少挠度和加劲梁的弯矩,但对大跨径悬索桥却无此必要。

1.1.5 主缆的截面组成

主缆的常见截面分为两类:一类是由高强度钢丝组成的圆形截面,另一类是由钢丝绳组成的其他截面。对于钢丝主缆,一般先由$\phi 5mm$左右的镀锌钢丝组成钢丝束股,然后再由若干钢丝束股组成一根主缆。每根主缆截面大小是由各座特定悬索桥的拉力大小决定的,当钢丝的直径确定时,则主缆钢丝所含钢丝总数n随之而定。而具有n根钢丝的主缆应有多少股钢束n_1和每股钢束含多少根钢丝n_2,则需要根据主缆的编制方法确定。采用AS法的束股较大,每缆所含总股数n_1较少,为30~90束,每股所含钢丝数n_2多达300~500根,因而其单股锚固吨位大,锚固空间相对较小,并且只能在纺丝过程中或以其他方式调节垂度使得各钢丝的长度和张力均匀。

采用 PPWS 法的索股都制作成正六边形,这样可使空隙率最小。考虑桥跨及施工条件,每根索股通常由 127 根或 91 根钢丝组成形状稳定的正六边形。每缆总股数 n_1 多达 100~300 束,架设时不会受到风的影响,镀丝锌层磨损小,锚固空间相对较大。因其索股为事先预制,在现场架设时仅调整垂度和锚跨张力,故现场架索施工时间相对缩短,气候因素影响小,成缆工效提高。

1.2 主缆的病害及耐久性问题

由于外部环境的改变以及交通量的日益繁重,缆索系统会随着时间的推移而渐渐损坏甚至失效,导致发生严重的工程事故。这不仅影响了悬索桥的正常服役功能,同时也会造成巨大的财产损失。因此,悬索桥主缆的耐久性问题应引起高度重视。

1.2.1 主缆的病害类型

主缆作为缆索系统中的主要组成部分,在大桥整个服役期间内不考虑更换。虽然在设计、建造阶段都对主缆采取了充分的防护措施,但在实际运营中,主缆由于长期暴露在大气环境中并经受各种环境因素的侵蚀,难以避免会产生一些病害。主缆常见病害主要有:主缆防护涂层劣化,主缆钢丝腐蚀与断丝,缠丝松弛、锈蚀及断裂。

1)主缆防护涂层劣化

主缆防护涂层劣化发展过程一般是:涂层变色褪色,接着粉化、龟裂,继而开裂、爆皮并形成锈斑,最终防护涂层全部开裂、剥落,致使内部缠丝裸露。涂层的劣化因素一般可以分为内部和外部两个部分:内部因素是涂层材料本身的化学结构耐久性较差,从而导致防护涂层劣化;而外部因素包含紫外线、水分、温度、海盐微粒、大气污染物以及人为损伤等。

2)主缆钢丝腐蚀与断丝

钢丝腐蚀与断丝是主缆最严重的病害之一。大面积的腐蚀和断丝是主缆失效的最直接原因,也是近年来悬索桥面临的最严重的耐久性问题之一。主缆在制造过程中若干燥不良,可能导致主缆中存在水分。运输、施工和运营阶段防护层损伤也会导致外界雨水和水汽的不断渗入,而且在风的作用下,缆索上的水会加速进入裂缝中。由于重力的作用,这些积水在纵向一般会聚集在主缆的较低位置。主缆截面的上部在夜间由于温度下降积聚露水而潮湿,白天因温度升高而变干,但下部总是潮湿的。主缆两侧由于温度未升高至足以令露水蒸发的程度,而仍保持潮湿状态。主缆钢丝中心部分并未积水,但由于温度变化不大而保持很高的湿度。因此,主缆钢丝锈蚀最严重的部分在纵向上主要分布于主缆最低处,在横截面上主要分布于主缆钢丝外侧和底部。

钢丝腐蚀一般有均匀腐蚀、点蚀、应力腐蚀和腐蚀疲劳等。钢丝腐蚀时会有锈水流出,且表层涂层会有起皮、脱落等现象。当腐蚀发展到一定程度,会导致整根钢丝断裂。

3) 缠丝松弛、锈蚀及断裂

缠丝主要有两方面作用:一是保持主缆截面形状,避免主缆钢丝在外力作用下遭到损坏;二是保持主缆的气密性和水密性,防止水和腐蚀性气体进入主缆内部造成腐蚀。缠丝一般采用镀锌钢丝制成,具有一定的防腐能力。但是,由于缠丝之间缝隙较多,尤其是用圆钢丝缠绕的缠丝缝隙间更容易积水,缠丝往往在主缆表层涂层劣化失效后迅速锈蚀,甚至出现断丝。此外,额外的外力作用(如撞击、飞鸟啄挠等),也会导致缠丝出现损坏。特别是当缠丝锈蚀达到一定程度后,这样的外力作用极易超过缠丝抗力从而导致缠丝断裂。缠丝断裂数量较多之后就会表现为主缆局部缠丝松弛变形,不再具有防护和保持主缆截面形状的作用。

1.2.2 主缆的病害案例

英国的福斯桥建成于1964年,它用了传统主缆防护体系。2004年,工作人员在检查主缆时发现其外观仅有个别缺陷。但打开防护层后,主缆的腐蚀情况震惊了桥梁界人士,主缆内部已经腐蚀断丝。为防止主缆再次腐蚀,工作人员对其进行全面的声控监测,并在其中加设主缆除湿系统。

日本前期建设的几座悬索桥主缆也已发生锈蚀,例如在检查因岛大桥时,去除缠绕钢丝后,发现主缆底部存在积水,锈蚀存在于两侧和下部,在清除防锈腻子后,发现锈蚀明显可见,主缆内部的镀锌钢丝已生锈,锌层已变质,并且侧面的锈蚀最为严重;大岛大桥也出现了主缆生锈和断丝的现象。

从20世纪90年代初开始,我国陆续建设了香港青马大桥、江阴长江大桥、润扬长江大桥等千米级超大跨径悬索桥,以及汕头海湾大桥、西陵长江大桥、虎门大桥、重庆丰都长江大桥、厦门海沧大桥等悬索桥。

江阴长江大桥在运营早期(1999—2001年),主缆的日常检查和维护主要集中于对主缆的外观检查及对表观涂装的维修。随着主缆服役时间的增加,在日常检查中发现主缆表面部分涂膜存在起泡、开裂、脱落和粉化等病害,并存在渗水现象,说明原有的主缆防护体系难以对主缆提供很好的防护。为了防止主缆防护体系失效进而导致钢丝锈蚀,江阴长江大桥在2005年9月进行了主缆重防护。这次防护采取了全新的方案,清理原主缆表面后,在主缆上刮涂了4道后硫化橡胶。橡胶硫化后,在主缆上形成了一圈橡胶防水层。橡胶防水层具有良好的密封性和耐久性,完工后将彻底阻止雨水渗入主缆,有效地延长主缆的使用寿命。考虑到虽然采用新型防护体系有效解决了主缆渗水的问题,但内部钢丝锈蚀情况仍不明朗。2013年对江阴大桥主缆进行开缆(开窗)检查,成为我国悬索桥主缆开缆检查的首个案例,为今后同类桥梁的开缆检查提供了宝贵的经验。通过开缆检查,基本了解了主缆钢丝状态,也为2014年增设主缆除湿系统方案提供了重要的设计依据。通过实施上述方案,目前大桥主缆整体状况良好,为大桥的结构安全和运营安全提供了有效的保障。

1.2.3 主缆的耐久性问题

悬索桥主缆腐蚀是世界范围的问题,严重影响悬索桥的安全使用寿命。传统主缆防腐蚀方法的防护效果不太理想,而我国有些桥梁所处环境又比较恶劣,特别是处于海洋环境的跨海大桥。如在建的深中通道伶仃洋大桥,主缆全部处于"高温、高湿、高盐"的"三高"环境中,主缆最低位置基本位于海洋飞溅区。该区域属于海天交替的干湿变化区,溶氧量多,且处于阳光直射和反射区,伴随温度变化,腐蚀速度加快,导致该位置的主缆腐蚀问题更为突出。

为了寻找新的方法和技术来解决主缆钢丝腐蚀问题,首先应了解主缆腐蚀机理及国内外悬索桥主缆防腐蚀方法,为进一步提高主缆耐久性提供参考和借鉴;其次,积极探索采用新材料和新技术提高悬索桥主缆防腐蚀能力的方法。

1.3 主缆钢丝腐蚀类型及影响因素

1.3.1 主缆钢丝腐蚀类型

悬索桥所处的环境一般湿度很高,并常含有各种污染物质。主缆作为悬索桥的主要承重构件,承受桥梁的各种恒载以及反复活载的作用,其腐蚀类型分为应力腐蚀、腐蚀疲劳、化学腐蚀及电化学腐蚀四种。

1) 应力腐蚀

应力腐蚀是钢丝在应力和腐蚀介质共同作用下的腐蚀。在腐蚀性介质中,金属构件受静拉应力作用而产生延迟破坏的现象称为应力腐蚀破坏。几乎所有合金在特定的环境中都有某种应力腐蚀敏感性,拉应力越大腐蚀越快。对于特定的金属,其腐蚀介质是特定的,如低碳钢为 $Ca(NO_3)_2$、NH_4NO_3、$NaOH$,低合金钢为 $NaOH$,高强度钢为 $NaCl$、H_2S 等;应力腐蚀断裂是一种低应力脆性断裂,断裂时不产生宏观塑性变形。主缆钢丝为高强钢材,其应力腐蚀敏感性较高,易发生应力腐蚀断裂。

2) 腐蚀疲劳

腐蚀疲劳是指材料或构件在交变应力与腐蚀环境共同作用下产生的脆性断裂。主缆腐蚀疲劳属于液相腐蚀疲劳。腐蚀疲劳和应力腐蚀不同,对腐蚀环境没有选择性。金属在任何腐蚀环境下都会产生腐蚀疲劳。腐蚀疲劳裂纹多起源于材料表面的腐蚀坑或表面缺陷,裂纹源数量较多。腐蚀疲劳裂纹在反复应力和腐蚀相互作用下会加速扩展。随着材料含碳量和强度的增高,对腐蚀开裂的敏感性也增大。在锚碇处,悬索桥主缆易发生腐蚀疲劳破坏。

3) 化学腐蚀

悬索桥主缆钢丝的化学腐蚀是指广义的金属氧化化学腐蚀,即钢丝表面发生氧化反应而产生的腐蚀。主缆钢丝发生化学腐蚀时,其腐蚀产物膜不稳定,从而使腐蚀过程不断发生,钢丝不断遭到破坏。

4）电化学腐蚀

金属在电解质中的腐蚀为电化学腐蚀过程。在沿海地区，大气中含有大量氯化物微粒，吸湿后能增加液膜的导电性，并且氯离子具有较强的侵蚀性，这些都促使主缆钢丝发生电化学腐蚀。

1.3.2 腐蚀疲劳的影响因素

主缆钢丝腐蚀疲劳的主要影响因素是腐蚀介质和钢丝表面缺陷状态。

深中通道工程项目是世界级的"桥、岛、隧、地下互通"集群工程，地处珠江口浩瀚的伶仃洋海域，其环境特点是空气中含有大量海风带来的小海盐颗粒。小海盐颗粒溶于小水滴就形成浓度很高的盐雾。海洋腐蚀环境的特点是：温差大、高湿、干湿交替、高盐雾等加速材料的腐蚀进程。复杂的海洋环境导致深中通道工程的缆索较其他地区的缆索更加容易腐蚀。此外，深中通道工程作为粤港澳大湾区现代综合运输体系中的重大基础设施项目，主缆承受着较大的恒载和活载。主缆钢丝在应力高峰及局部塑变区、缺陷和微裂处，因腐蚀介质的存在而加速裂纹的扩展。

主缆钢丝在腐蚀疲劳过程中，存在两种基本的损伤形式：①循环应力引起的微区金属反复滑移，形成滑移带，造成疲劳损伤；②由腐蚀介质与金属通过电化学反应引起腐蚀损伤。这两种损伤不是简单的叠加，而是交互耦合。对于主缆钢丝，腐蚀疲劳与其镀层组织、腐蚀状态、腐蚀产物等有极大的关系。在锌浴中加入少量铝、稀土、镁等合金元素，可改变镀层的组织结构、耐蚀性，改变镀层脆性金属间化合物的塑性。

1.4 高强度、耐久型主缆钢丝及索股新材料综述

1.4.1 新型多元合金超高强度热镀钢丝索股的锚固性能研究

悬索桥主缆的索股锚具系统是实现主缆索股与锚碇连接的主要环节，是传递荷载的核心构件。悬索桥索股的锚具系统是将内部有锥腔的锚具安装在索股上，然后浇铸锚固材料，实现索股与锚具的连接。悬索桥主缆索股与锚具的浇铸一般采用锌铜合金，清洁钢丝表面，将锌铜合金熔化后浇铸在锚杯中，锌铜合金与钢丝形成一个锥体，传递荷载。ϕ6.0mm-2060MPa 锌-10%铝-稀土多元合金镀层钢丝索股作为全新产品，钢丝强度和直径均发生了变化，因此，需要对相应锚具及浇铸技术进行研究，以保证其满足超高强度的锚固需要。

为了解决 ϕ6.0mm-2060MPa 锌-10%铝-稀土多元合金镀层钢丝索股锚固技术问题，对索股的锚具参数、锚具材料、灌锚技术和索股静载试验四个技术难点进行系统的研究。对 127ϕ6.0mm-2060MPa 锌-10%铝-稀土多元合金镀层钢丝开展单丝锚固试验，确定该钢丝直径和强度下的最小锚固长度，为 127ϕ6.0mm-2060MPa 主缆索股锚具的锚固设计提供依据；通过对锚具的材质、尺寸、热处理工艺及整体锚固性能进行试验研究，解决 127ϕ6.0mm-2060MPa

主缆索股锚具设计问题,并开展127φ6.0mm-2060MPa 锌-10% 铝-稀土多元合金镀层钢丝索股的试制和静载试验,验证主缆索股制作工艺可行性和索股质量可靠性。

1.4.2　新型多元合金超高强度热镀钢丝索股的抗疲劳性能问题

桥梁结构在行车荷载作用下将承受加载和卸载,即应力大小将随车辆运行部位而发生变化。众所周知,无数次应力大小的变化将使桥梁结构产生疲劳,且当疲劳损伤达到一定程度时,桥梁结构将会破坏。悬索桥主缆索股的疲劳应力上限和应力幅又与主缆安全系数、活载与恒载比例、索股强度、主缆二次弯曲应力、主缆寿命等因素有关。而对于大跨径悬索桥,以上几个因素之间又互相影响。对于强度较低的主缆索股,一般认为疲劳应力幅值较低,不考虑主缆索股的抗疲劳问题。对于φ6.0mm-2060MPa 锌-10% 铝-稀土多元合金镀层钢丝索股,随着抗拉强度的提高,其抗疲劳应力幅值相应提高,因此,需要对其抗疲劳性能进行深入研究。

桥梁缆索的疲劳研究是一个涵盖结构、力学、材料的交叉学科。目前确定构件疲劳寿命的方法主要有两类:试验法和科学疲劳寿命分析法。试验法是传统方法,也是最可靠的方法,它直接通过疲劳试验来获得所需的疲劳数据。为了掌握φ6.0mm-2060MPa 锌-10% 铝-稀土多元合金镀层钢丝索股抗疲劳性能,采用模拟实索的实验室疲劳试验法进行索股疲劳性能试验研究。科学疲劳寿命分析法是依据材料的疲劳性能,对照结构所受到的载荷历程,按分析模型来确定结构的疲劳寿命。

1.4.3　新型多元合金超高强度热镀钢丝索股抗滑移性能问题

悬索桥桥面恒载和交通活载通过吊索传递至主缆,其中索夹抗滑移力是保证荷载有效传递的关键。通过在成缆状态下对缩尺的锌-10% 铝-稀土多元合金镀层钢丝及锌铝合金镀层钢丝主缆上装配索夹,进行抗滑移对比试验,测试两种钢丝镀层试验索在相同试验条件下的抗滑移性能。通过对两种镀层钢丝试验索的最大抗滑移力数值进行对比,可为工程应用提供参考依据。

1.5　主缆防护技术及主缆除湿系统综述

1.5.1　国外悬索桥主缆防护技术现状

1)美国悬索桥主缆防护体系研究现状

(1)20 世纪50 年代前的早期悬索桥。

美国是现代悬索桥技术的起源地。美国有100 多座悬索桥,其中大部分是老桥。1840 年左右,美国桥梁设计师约翰·奥古斯都·罗勃林发明了桥梁主缆钢丝防腐体系——罗勃林体系(起初是用于平行钢丝绳索)。这一体系是在钢丝外表面包裹一层红丹腻子,然后再用柔性钢丝缠绕,最后用油漆进行涂装。随后这一体系开始应用于美国各大悬索桥。例如,1855年建成的尼亚加拉瀑布桥,1859年建成的匹兹堡桥,但这些桥都在后期使用过程中被拆除。保留至今的最早采用罗勃林体系防护的悬索桥是1883年建成的布鲁克林大桥。1867年,约翰·奥古斯都·罗勃林开始设计著名的布鲁克林大桥,该桥主跨486.16m,是当时世界上跨径最大的悬索桥,主缆采用了罗勃林体系进行防护。约翰·奥古斯都·罗勃林却在大桥修建过程中因不幸患上破伤风去世。但约翰·奥古斯都·罗勃林所设计的主缆钢丝防腐体系,在此后被应用到绝大部分悬索桥主缆防腐工程上,并一直沿用至今。

1883年布鲁克林大桥的建成,标志着美国大跨径悬索桥建设进入高峰期,一直持续到20世纪中叶,随后则势头减缓。美国早期修建的一批悬索桥的平均寿命已有七八十年甚至上百年,接近使用寿命的末期,所以缺陷表现较突出。由于早期防护技术尚在发展,防护工艺也在逐步成熟,因而有的桥已几经大修和恢复。这些老桥主要采用传统的腻子缠丝涂装防护体系,大部分采用红丹腻子、圆钢丝缠丝和铅基涂料涂装。

20世纪50年代前,美国建成的较大跨径的悬索桥有十几座,其主缆防护方法和后续维修情况见表1-1。

20世纪50年代前美国主要悬索桥主缆防护基本情况　　　　　　　　　　表1-1

桥名	建成年份	主跨(m)	防护方案				近期维修或现状
			腻子材料	缠丝材料	面层涂料	其他防护	
布鲁克林大桥	1883	486	红丹	圆钢丝	铅基涂料	—	维修多次,加氯丁橡胶缠包、橡胶涂料
威廉斯堡大桥	1903	488	红丹	帆布缠带	铅基涂料	定期加油	防护装置,加氯丁橡胶缠包、橡胶涂料
曼哈顿大桥	1909	449	红丹	圆钢丝	铅基涂料	—	多次维修,加氯丁橡胶缠包、橡胶涂料
芒特霍普大桥	1929	366	红丹	圆钢丝	涂料	—	维修多次,更换部分主缆、锚跨大修
中哈德逊桥	1930	457	红丹	圆钢丝	铅基涂料	—	维修多次,改用锌腻子再次缠丝涂装
乔治·华盛顿大桥	1931	1067	红丹	圆钢丝	涂料	—	维修多次,增加缠带、涂装
特里巴勒桥	1936	421	红丹	圆钢丝	涂料	—	维修多次,主缆维修,重新锚固加除湿
金门大桥	1937	1280	红丹	圆钢丝	铅基涂料	—	多次维修,已加声控监测、主缆完成大修
布朗克斯白石大桥	1939	701	红丹	圆钢丝	涂料	—	维修多次,主缆检查、声控监测、维修

续上表

桥名	建成年份	主跨(m)	防护方案				近期维修或现状
			腻子材料	缠丝材料	面层涂料	其他防护	
切萨皮克大桥	1952	488	无	橡胶缠带	橡胶涂料	复合防护层	—
麦基诺大桥	1957	1158	红丹	圆钢丝	涂料	—	2004年重新防护,改用锌腻子
沃尔特·怀特曼桥	1957	610	红丹	圆钢丝	—	—	维修多次,缠带、涂装、监测,准备除湿

(2)1960—1980年的悬索桥。

进入20世纪60年代,美国的大型悬索桥建设高潮开始逐渐下降。但在此期间,有诸多主缆防腐的先进技术或材料被研发出来并应用,例如在后期发展成熟的缠包带技术。在20世纪60—70年代,美国钢铁公司和化学公司开发了2种合成护套防护方法,但因施工困难和防护效果等原因未能推广,而其中的缠带方法经过改进,已经成为美国悬索桥主缆防护大修、主缆除湿和加强主缆密封性的措施。1960—1980年美国悬索桥主缆防护基本情况见表1-2。

1960—1980年美国悬索桥主缆防护基本情况　　　　表1-2

桥名	建成年份	主跨(m)	防护方案				近期维修或现状
			腻子材料	缠丝材料	面层涂料	其他防护	
斯罗格内克大桥	1961	549	红丹	圆钢丝	铅基涂料	—	维修多次,主缆大修加缠带、涂装;计划主缆除湿
韦拉扎诺海峡大桥	1964	1298	红丹	圆钢丝	涂料	—	锚室锚固加除湿、主缆外涂装
纽波特桥	1969	488	聚乙烯	玻璃纤维	丙烯酸	复合防护层	主缆大修,缠带、涂装

(3)1990年后的悬索桥。

1990年至今,美国的悬索桥市场已经处于饱和状态,全美公路主干网架已经基本完成,所以这一时期并没有太多新建的悬索桥。但美国交通部门和各州政府均设立专门机构,通过设立法律和管理制度对已建成的悬索桥进行科学养护。1990年后美国部分悬索桥主缆防护基本情况见表1-3。

1990年后美国部分悬索桥主缆防护基本情况　　　　表1-3

桥名	建成年份	主跨(m)	防护方案			
			腻子材料	缠丝材料	面层涂料	其他防护
塔科马海峡新桥	2007	1345	锌聚合物	圆钢丝	柔性涂料	—
新奥克兰大桥	2022	385	锌聚合物	S形钢丝	柔性涂料	主缆除湿

2）欧洲悬索桥主缆防护体系研究现状

欧洲是现代悬索桥技术工艺进步的复兴之地，现代悬索桥理念和技术在 19 世纪初被欧洲人发明。法国在 1820 年前后发明了关键的锻铁丝主缆代替链条技术，这些技术和理念很快传入美国，并在 1847 年就建成了主跨 308m 的 Wheeling 悬索桥，这是当时跨径最大的桥梁。作为与桥梁技术同步的桥梁防护技术，特别是主缆防护技术也得到了快速发展。

悬索桥结构上的新技术、新工艺都是从欧洲开始使用的，悬索桥钢箱梁、锚室、鞍室除湿防护也是在欧洲最先开发应用。欧洲对主缆防护的探索主要有：开发应用 S 形钢丝保护的螺旋钢丝绳作为索体材料，对主缆开放或半封闭防护等。

欧洲悬索桥主缆防护主要是沿用美国传统的主缆防护系统和材料，主要改进是一些性能优异的涂料体系被引入应用，例如聚氨酯涂料体系；红丹腻子材料因干裂失效和环保原因，用复合锌腻子代替。欧洲部分悬索桥主缆防护基本情况见表 1-4。

欧洲部分悬索桥主缆防护基本情况 表 1-4

桥名及属地	建成年份	主跨（m）	防护方案				近期维修或现状
			腻子材料	缠丝材料	面层涂料	其他防护	
福斯桥，英国	1964	1006	红丹	圆钢丝	涂料	—	内部检查、缠带、声控监测、除湿观察；腐蚀断丝严重，准备换索或增加索，直至建新桥
塞文桥，英国	1966	988	红丹	圆钢丝	涂料	—	内部检查主缆腐蚀断丝；缠带、除湿、声控监测
阿基坦桥，法国	1967	400	—	—	涂料	封闭钢丝绳	增加辅助主缆；更换主缆，腻子缠丝缠带加除湿
新小贝尔特桥，丹麦	1970	600	锌腻子	圆钢丝	涂料	钢绞线	主缆检查维护，增加缠带和除湿
博斯普鲁斯Ⅰ桥，土耳其	1973	1074	红丹	圆钢丝	涂料	—	未见维护报告，计划主缆除湿
亨伯桥，英国	1981	1410	红丹	圆钢丝	涂料	—	正在内部检查；如果有问题，参照塞文桥处理
博斯普鲁斯Ⅱ桥，土耳其	1988	1090	红丹	圆钢丝	涂料	—	未见维护报告
高海岸桥，瑞典	1997	1210	锌腻子	圆钢丝	涂料	—	内部检查底部锈蚀；增加缠带和除湿
大贝尔特桥，丹麦	1998	1624	锌腻子	圆钢丝	涂料	—	主缆清洁、涂装
哈当厄尔大桥，挪威	2013	1345	—	S形钢丝	柔性涂料	—	设计方案为主缆除湿

3）日本悬索桥主缆防护体系研究现状

日本是20世纪后期的桥梁大国和桥梁强国，推动了悬索桥技术发展和主缆防护体系的变革。日本悬索桥最初也是应用传统主缆防护体系，但日本比较重视观察和研究主缆防护在应用过程中的实际效果，注重自主研究开发新技术、新工艺、新材料。日本研究开发和应用了多种改进型腻子和涂料材料，形成了专用防腐腻子和软性涂料涂装体系；针对圆钢丝缠绕的密封间隙和传统防护体系不能完全防护腐蚀等问题，经过大量的检查、观察和试验研究，开发了主缆S形钢丝缠丝和主缆干燥空气除湿方法。它将改进后的传统主缆防护方法结合主缆除湿防护，使悬索桥主缆防护效果得到了提升。表1-5为日本主要悬索桥主缆防护基本情况。

日本主要悬索桥主缆防护基本情况　　　　表1-5

桥名	建成年份	主跨（m）	防护方案			近期维修或现状
			腻子材料	缠丝材料	面层涂料	
若户大桥	1962	369	亚铬盐酸、亚麻油	圆钢丝/螺旋钢丝绳	树脂涂料	1989年检查无异常
关门大桥	1973	712	高分子有机铅	圆钢丝	树脂涂料	1993年检查主缆腐蚀，欲增加主缆除湿
平户大桥	1977	465	高分子有机铅	圆钢丝	橡胶涂料	1992年检查轻度腐蚀，已增加主缆除湿
因岛大桥	1983	770	高分子有机铅、铅酸钙	圆钢丝	橡胶涂料	1991年检查主缆锈蚀，已增加主缆除湿
大鸣门桥	1985	876	高分子有机铅、铅酸钙	圆钢丝	环氧、聚氨酯涂料	1993年检查主缆腐蚀，已增加主缆除湿
濑户大桥	1988	1100 990 940	高分子有机铅、铅酸钙	圆钢丝	环氧、聚氨酯涂料	1993年检查主缆腐蚀，已增加主缆除湿
大岛大桥	1988	560	高分子有机铅、铅酸钙	圆钢丝	环氧、聚氨酯涂料	1992年检查主缆腐蚀，已增加主缆除湿
彩虹大桥	1993	570	磷酸铝	圆钢丝	橡胶涂料	2003年检查主缆积水，在考虑是否除湿
明石海峡大桥	1998	1991	—	圆钢丝	—	缠包带+主缆除湿
来岛海峡大桥	1999	1020 1030	—	S形钢丝	软性涂料	主缆除湿
白鸟大桥	1998	—	磷酸铝	S形钢丝	软性涂料	主缆除湿
安芸滩桥	2000	—		S形钢丝	软性涂料	主缆除湿
丰岛大桥	2008	—		S形钢丝	软性涂料	主缆除湿

1.5.2 中国悬索桥主缆防护技术发展历程

我国是桥梁建设大国,随着缆索防护技术不断发展,相关企业及厂家都在进行各种方案和技术的推广。虽然传统的防护体系结构没有改变,但其材料随着化工技术的发展而得到发展,并在众多桥梁工程中得到成功应用。

目前,我国悬索桥主缆防护几种代表性体系信息见表1-6。

我国悬索桥主缆防护几种代表性体系信息　　　　表1-6

序号	代表性体系	施工工艺	施工时间（年）	施工单位	是否除湿
1	汕头海湾大桥、西陵长江大桥体系	聚异丁烯腻子+圆形钢丝缠丝+环氧、聚氨酯涂料	1995/1996	中航百慕新材料技术工程股份有限公司	否
2	虎门大桥体系	聚氨酯密封剂+圆形钢丝缠丝+聚氨酯密封剂+聚氨酯涂料	1997	美国AT&T公司	否
3	江阴长江大桥体系	锌粉+圆形钢丝缠丝+环氧、水性、酚醛、醇酸类涂料	1999	英国KJBL公司	否
4	海沧大桥、西堠门大桥体系	聚异丁烯腻子+圆形钢丝缠丝+聚硫密封剂+环氧、聚氨酯涂料	1999/2009	中航百慕新材料技术工程股份有限公司	否
5	润扬长江大桥体系	S形钢丝缠丝+柔性环氧（300～500μm）+含氟聚氨酯涂料涂装+主缆除湿系统	2004	新日本制铁公司	是
6	矮寨大桥、澧水桥体系	硅烷改性密封膏+圆形钢丝缠丝+硅烷改性密封剂+环氧、氟碳涂料	2012/2013	江苏中矿大正表面工程技术有限公司	否
7	清水河桥、龙江桥体系	圆形钢丝缠丝+红色缠包带（北京橡胶院）+除湿系统	2015/2016	中交公路规划设计院有限公司	是
8	官山大桥	S形钢丝缠丝+硫化型橡胶密封剂（1000μm）+除湿系统	2015	中交公路规划设计院有限公司	是
9	虎门二桥、五峰山大桥	S形钢丝缠丝+硫化型橡胶密封剂（2500μm）+除湿系统	2018/2019	中交公路规划设计院有限公司/中铁大桥勘测设计院有限公司	是

根据我国悬索桥主缆防护技术的发展,并结合主缆防护的原理及当前行业对主缆防护技术的需求,江苏中矿大正表面工程技术有限公司在行业内率先提出了主缆防护Ⅳ代技术。以下对Ⅰ～Ⅳ代技术进行详细阐述。

1）Ⅰ代技术（密封技术）

Ⅰ代技术（密封技术）是指以各种形式的密封材料、密封结构、密封方案保护主缆钢丝的技术。其主要技术经历了如下发展历程：

从汕头海湾大桥、西陵长江大桥、虎门大桥开始,国内自主开发或采购国外密封材料,在主缆钢丝的外表面逐步形成了一种"不干性密封腻子+圆形缠绕钢丝+硫化型橡胶密封剂"的方案。该方案在我国初期悬索桥建设中应用多,是最基础、最常见的主缆防护方案之一。

随着技术进步及材料科学的发展,Ⅰ代技术也在不断地发展,主要包括:

(1)缠绕钢丝除了圆形缠丝,增加了S形缠绕钢丝方案。目前两种缠绕钢丝技术并行,各自优缺点始终是行业内主要争论点之一。

(2)硫化型橡胶密封剂经历了聚硫密封剂(以中航百慕新材料技术工程股份有限公司为代表)、硅烷封端聚醚密封剂(以江苏中矿大正表面工程技术有限公司为代表)两个阶段。

(3)硫化型橡胶密封剂因为其自身强度较低、抗气压性能稍弱,目前Ⅰ代技术也出现了使用氯磺化聚乙烯取代硫化型橡胶密封剂的方案。

(4)外层耐候涂料经历了聚氨酯面漆、氟碳面漆、柔性氟碳面漆等阶段。目前普遍采用的是氟碳面漆与柔性氟碳面漆。

2)Ⅱ代技术(密封+除湿复合技术)

20世纪90年代中期,日本发明了"S形缠绕钢丝+柔性涂料"密封技术,并配以干燥空气除湿来保证主缆钢丝防腐蚀寿命。

2005年,我国润扬长江大桥第一次使用了该技术,其全部技术由日本新日制铁公司设计并实施。2010年,泰州大桥由中设设计集团股份有限公司开展了国内第一套主缆除湿设计,从此拉开了国内主缆除湿防护的新篇章。

Ⅱ代主缆防护技术主要指密封+除湿系统复合技术。当前Ⅱ代技术的密封方案主要有两种:一是氯磺化聚乙烯缠包带密封,二是涂料配合硫化型橡胶密封剂密封。这两种密封技术的优缺点,行业内还在持续争论,为此,我们简单进行了分析,我们认为两种技术各自都有一定的特点,应该会长期并行存在。Ⅱ代技术两种密封方案的技术对比见表1-7。

Ⅱ代技术两种密封方案的技术对比　　　　表1-7

序号	项目		方案		备注
1	主缆外防护方案		氯磺化聚乙烯缠包带	涂料配合硫化型橡胶密封剂	—
2	基本性能	密封性能	一般	优	氯磺化聚乙烯缠包带与硫化型橡胶密封剂(≥2500μm)均能满足除湿系统空气压力,主要的漏气点集中在索夹环缝与直缝处
		耐候性能	相当		两种密封方案均具有优秀的耐候性能
		防腐原理	纯物理封闭	物理封闭+电化学保护	缠包袋密封方案是纯物理作用封闭防腐,涂料配合硫化型橡胶剂密封方案在物理封闭防腐的技术上兼有电化学保护防腐作用

续上表

序号	项目		方案		备注
			优	一般	
3	施工性能	施工便捷性			氯磺化聚乙烯缠包密封方案相对于涂料配合硫化型橡胶密封方案在施工便捷性方面具有明显的优势,但氯磺化聚乙烯缠包带的施工工艺及验收方法尚未形成成熟稳定的标准,施工验收质量争议较大,而涂料配合密封胶方案的施工工艺及验收方法较为成熟
		抗天气等环境影响	优	一般	
		工人施工友好性/环保性	优	一般	
4	抗灾难性能	物理穿刺+划剪	弱	优	极端情况下,密封剂可紧粘主缆钢丝,不易被破坏;而缠包带遇到穿刺或刀划会大面积损害或直接脱落
		防火性能	相当		两种材料均属于可燃但不易燃材料
5	造价(元/m²)		1800~2200	1000~1500	—
6	免维护年限(年)		15~30	10~20	—

Ⅱ代技术还存在一个主要问题,就是除湿设计原理、干燥空气在主缆钢丝的热湿平衡分析、主缆钢丝内空气动力学研究等方面的设计依据及技术原理还存在很多有待研究的问题。

对于直径较大的主缆,缠包带方案则存在一定施工难度,比如五峰山长江大桥主缆直径1300mm、杨四港长江大桥主缆直径1088mm,使得缠带机设备尺寸过于庞大,其重力增加使得设备的可操作性变差。同时,由于缠包带的螺旋形搭接缝隙较长,在施工过程中要完全控制硫化密封对施工要求较高,存在风险。在两卷缠包带连接的地方也存在泄漏风险,需要在施工中特别注意和采取措施。

3) Ⅲ代技术(密封+除湿+除氧/除盐/缓蚀复合技术)

主缆Ⅱ代防护技术是通过在Ⅰ代技术的基础上增加主缆除湿,在一定程度上保护了主缆钢丝,但是其真实效果如何还难以考究。尤其是其设计计算、运行原理、实际气体分布等理论还基本处于空白。2013年,英国康特公司与美国歌德公司对1966年英国建设的塞文桥主缆进行开缆检查,并开展密封层修复、主缆钢丝增设除湿系统及缓蚀系统,项目委托美国加州大学同步开展了主缆钢丝除湿及缓蚀效果的科研工作。目前来看,主缆除湿的效果跟设想的理想效果差距较大。

由此,研究人员调研并总结了主缆钢丝的Ⅲ代防护技术。其主要特征是在主缆Ⅱ代防护技术的基础上增加了除氧、控盐、缓蚀等作用,进一步减少腐蚀介质对主缆钢丝的破坏。

在一些沿海地区,由于施工过程中盐分进入主缆而导致盐分在主缆中累积。盐分的作用会导致钢铁即使在较低的湿度仍然能发生腐蚀。为了防止盐分从除湿空气中带入主缆,因此,在除湿的基础上增加空气除盐。同时,通过添加气相缓蚀剂使主缆钢丝外层形成保护膜,来达到保护主缆的目的。

沿海大气中,由于海水飞沫中含有氯化钠,当飘散在空气中的雾沫蒸发后就变成盐的固体颗粒分散在空气中,此固体颗粒的粒径一般在0.1~10μm之间。由于盐分的存在,即使湿度在45%~60%的情况下也会发生较为严重的腐蚀。因此,Ⅲ代技术对于这种沿海高盐分的环境,采用在密封+除湿的基础上再添加除盐装置,添加气相缓蚀剂的办法来阻止腐蚀。

搭建一个长10~12m、直径500mm的主缆模型进行除湿系统试验。试验主缆按照实际悬索桥主缆密封胶方案进行防护并安装索夹、气夹,展示并研究Ⅳ代主缆防护的相关技术难点。

搭建试验平台的目的是:

(1)研究空气、氮气主缆内部流动沿程阻力。

(2)验证转轮除湿机余热回收模式。

(3)研究制氮机和除湿机的复合匹配,验证除湿、置换和充氮三种工作模式的实现。

(4)研究缓蚀剂在主缆防护中的应用。

(5)研究腐蚀监测在主缆防护中的应用。

(6)试验 Profibus DP、Modbus RTU、Profinet 三种通信协议,使用屏蔽双绞线和光纤做物理层的各种通信模式。

(7)展示主缆除湿系统的工作原理。

除湿系统总体流程如图1-2所示。

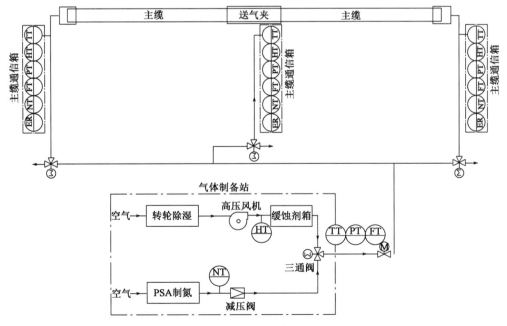

图1-2 除湿系统总体流程

4) Ⅳ代技术(密封+除湿/通氮气+除盐/缓蚀复合技术+腐蚀监测)

虽然前面几代技术降低了主缆钢丝的腐蚀程度,但主缆内部的腐蚀情况还是未知。我们希望可以量化主缆钢丝的腐蚀量,因此,在Ⅲ代技术的基础上,增加了腐蚀监测、腐蚀分析及评估,通过统计分析,建立主缆腐蚀量与主缆内部环境之间的规律并得出经验方程,使主缆钢丝的防护真正成为"可知、可控、可追溯"。

国内悬索桥主缆检查和维护主要还是停留在主缆的外观检查及外涂装的修复层面,对主缆内部钢丝的锈蚀程度及除湿通风系统有效性评估却很少涉及。此外,目前悬索桥的跨径在不断增加,钢丝强度越来越高且主缆安全系数的取值又在不断减小,直接导致钢丝的应力水平不断增加,这也同时增加了主缆钢丝对腐蚀环境敏感程度。因此,需要及时掌握和了解主缆内外部钢丝(缠丝)锈蚀程度及内部环境。在这种条件下,悬索桥主缆钢丝在建设期内的预先腐蚀防护检测(监测)与评估工作是非常有必要的,特别是对主缆内部等日常检查覆盖不到的区域,更应该有规划地开展定期检查评估工作,做到科学及时养护。

1.6 本章小结

主缆作为悬索桥的主要承重构件,其防腐问题一直是世界性难题,提高主缆钢丝的防腐技术以及寻找耐久性更好的防腐材料至关重要。本章首先介绍了悬索桥主缆材料、类型、制作、形式及截面组成,然后针对主缆耐久性,介绍了主缆的病害类型及案例,指出主缆防腐的重要性,最后从腐蚀类型和影响因素出发,对目前主缆钢丝新材料和主缆防护新技术进行综述。

第 2 章 新型镀层主缆钢丝腐蚀疲劳破坏机理

如何保护主缆免受腐蚀,已成为悬索桥成桥后运营期间的关注焦点。因此,必须首先对主缆腐蚀背后的力学及物理性质变化进行深入研究,才能更深层次地了解主缆钢丝的腐蚀行为。本章重点介绍海洋环境下钢丝盐雾腐蚀特点及新型镀层抗盐雾腐蚀试验、主缆钢丝的应力腐蚀性能及新型镀层钢丝应力腐蚀试验、主缆钢丝的腐蚀疲劳性能及新型镀层钢丝腐蚀疲劳试验。

2.1 新型镀层主缆钢丝的抗腐蚀性能

2.1.1 海洋环境下钢丝盐雾腐蚀特点

海洋大气是指海面飞溅区以上的大气区和沿岸大气区,相对于普通内陆大气,具有湿度大、盐分高、温度高及干湿循环效应明显等特点。由于海洋大气湿度大,水蒸气在毛细管作用、吸附作用、化学凝结作用的影响下,易在钢铁表面形成水膜,而 CO_2、SO_2 和一些盐分溶解在水膜中,形成导电良好的液膜电解质,易发生电化学腐蚀。由于钢材的主体元素,如铁和碳等微量元素的标准电极电位不同,当它们同时处于电解质溶液中时,就形成了很多原电池,铁作为阳极在电解质溶液(水膜)中失去电子变成铁离子,氧化后生锈。此外,Cl^-、SO_4^{2-}、HCO_3^- 等离子的存在提高了水膜的导电能力,加速了钢材的点蚀、应力腐蚀、晶间腐蚀和缝隙腐蚀等局部腐蚀。海洋大气的特点导致其腐蚀环境远比内陆大气环境恶劣。研究表明,海洋大气中的材料腐蚀速度相对于内陆大气中的材料腐蚀速度要快 4~5 倍。

腐蚀按照腐蚀形态可分为均匀腐蚀(或全面腐蚀)和局部腐蚀。均匀腐蚀是指钢材与介质相接触的部位均匀地遭到腐蚀损坏,这种腐蚀损坏的结果是钢材尺寸变小和颜色改变。腐蚀分布在整个钢结构的表面上,腐蚀减小了构件的厚度,降低了结构的强度。局部腐蚀是指钢材与介质相接触的部位受腐蚀,遭到腐蚀破坏的仅是一定的区域(点、线、片)。局部腐蚀大多会导致结构的脆性破坏,降低结构的耐久性。局部腐蚀危害要比均匀腐蚀大。局部腐蚀按照腐蚀条件、机理和表现特征划分,主要有电偶腐蚀、缝隙腐蚀、点蚀等。这些腐蚀类型往往与材料、环境或结构设计等因素有关。电偶腐蚀是指两种不同金属在同一种介质中接触,由于它们的腐蚀电位不同,形成了很多原电池,使电位较低的金属溶解速度加快,电位较高的金属溶解速度反而减缓,就造成接触处的局部腐蚀。缝隙腐蚀是指金属与金属或金属与非金属之间形成特别小的缝隙,使缝隙内的介质处于滞流状态,参加腐蚀反应的物质难以向内补充,缝内的腐蚀产物又难以扩散出去。随着腐蚀不断进行,缝内介质组成、浓度、pH 值等与整体介质的差异越来越大,此时缝内的钢表面腐蚀加速,缝外的钢表面腐蚀则相对缓慢,从而在缝内呈现深浅不一的蚀坑。金属表面局部区域内出现向深处发展的腐蚀小孔称为点蚀。蚀孔一旦形成,便具有"探挖"的动力,即孔蚀自动向深处加速进行,因此,点蚀具有极大的隐患性及破坏性。点蚀可能是由分散的盐粒或大气污染物引起的,也可能是表面状态或冶金因素,如夹杂物、保护膜的破裂、偏析和表面缺陷等造成的。对于悬索桥主缆钢丝,由于其结构特点,主要腐蚀形式是缝隙腐蚀和点蚀。

2.1.2 新型镀层钢丝抗盐雾腐蚀试验设计

在复杂海洋大气下,水和海盐粒子的积聚极容易形成的盐雾腐蚀是引起海洋环境下钢丝腐蚀速度加快的主要因素之一。盐雾对钢丝材料的腐蚀,主要是导电的盐溶液渗入金属内部发生电化学反应,形成"低电位金属-电解质溶液-高电位杂质"微电池系统,发生电子转移,作为阳极的钢丝金属出现溶解,形成新的化合物,即腐蚀物。对于有锌-10%铝-稀土合金保护层的热镀钢丝也是一样,当作为电解质的盐溶液渗入内部后,便会形成以金属为一个电极和金属保护层或有机材料为另一电极的微电池。在盐雾腐蚀破坏过程中起主要作用的是氯离子。它具有很强的穿透本领,容易穿透金属氧化层进入金属内部,破坏金属的钝态。同时,氯离子具有很小的水合能,容易被吸附在金属表面,取代保护金属的氧化层中的氧,使金属受到破坏。除氯离子外,盐雾腐蚀机理还受溶解于盐溶液里(实质上是溶解在试样表面的盐液膜)的氧的影响。氧能够引起金属表面的去极化过程,加速阳极金属溶解。由于盐雾试验过程中持续喷雾,不断沉降在试样表面上的盐液膜使含氧量始终保持在接近饱和状态。腐蚀产物的形成,使渗入金属缺陷里的盐溶液的体积膨胀,因此增大了金属的内部应力,引起了应力腐蚀,导致保护层鼓起。

影响盐雾试验结果的主要因素包括试验温湿度、盐溶液的浓度、盐溶液的 pH 值、试样放置角度、盐雾沉降量和喷雾方式等。①温度和相对湿度影响盐雾的腐蚀作用。金属腐蚀的临界相对湿度大约为 70%。当相对湿度达到或超过这个临界湿度时,盐将潮解而形成导电性能良好的电解液。当相对湿度降低,盐溶液浓度将增加直至析出结晶盐,腐蚀速度相应降低。试验温度越高,盐雾腐蚀速度越快。国际电工委员会标准《对大气腐蚀加速试验问题的评价》(IEC/TR 60355—1971)中指出:"温度每升高 10℃,腐蚀速度提高 2~3 倍,电解质的电导率增加 10%~20%"。这是因为温度升高,分子运动加剧,化学反应速度加快的结果。②盐溶液的浓度对腐蚀速度的影响与材料和覆盖层的种类有关。浓度在 5%以下时,钢的腐蚀速度随浓度的增大而增大;当浓度大于 5%时,这些金属的腐蚀速度却随着浓度的增大而减小。上述现象可以用盐溶液里的氧含量来解释。盐溶液里的氧含量与盐的浓度有关,在低浓度范围内,氧含量随盐浓度的增大而增大,但是,当盐浓度增加到5%时,氧含量达到相对的饱和,如果盐浓度继续增大,氧含量则相应下降。氧含量下降,氧的去极化能力也下降,即腐蚀作用减弱。

③盐溶液的 pH 值是影响盐雾试验结果的主要因素之一。pH 值越低,溶液中氢离子浓度越高,酸性越强腐蚀性也越强。

本研究针对海洋环境的特点,综合以上影响盐雾腐蚀的因素,提出了新型镀层钢丝抗盐雾腐蚀试验方案,见表2-1,并通过传统的热镀锌钢丝与新型镀层钢丝的抗盐雾性能对比试验研究,掌握新型镀层钢丝在单因素作用下的抗腐蚀能力,为主缆的长寿命设计提供依据。

新型镀层钢丝抗盐雾腐蚀试验方案　　表 2-1

项　目	试 验 参 数
箱体温度(℃)	50 ± 2
饱和温度(℃)	48
配置浓度(g/L)	50 ± 5
喷雾压力(MPa)	0.09 ~ 0.10
沉降量(mL/h)	1.0 ~ 2.0
pH 值	6.5 ~ 7.2
试样放置角度	与垂直方向成 15° ~ 25°

注:1. 本次盐雾腐蚀对比试验的评价采用表面观察法。
　　2. 当镀层腐蚀量达到70%以上时,可认定为腐蚀周期结束,则停止腐蚀。

两组试样情况分别见表2-2、表2-3。

试样情况(一组)　　表 2-2

钢丝类型	新型锌-10%铝-稀土合金镀层钢丝	热镀锌钢丝
直径(mm)	7.00	7.00
试样数量(根)	5	5
铝含量(%)	10.8	—
镀层单位面积质量(g/m^2)	293	307

试样情况(二组)　　表 2-3

钢丝类型	新型锌铝镁合金镀层钢丝	热镀锌钢丝
直径(mm)	6.00	7.00
试样数量(根)	24	24

2.1.3　新型镀层钢丝抗盐雾腐蚀试验过程

新型镀层钢丝抗盐雾腐蚀试验分为以下几个步骤。

第一步:清洁试样。试验前彻底清洁试样。所使用的清洁方法取决于材料的性质、其表面情况和污染物,但是不得使用可能影响试样表面的任何磨料或溶剂。一般可采用乙醇清洁,或采用氧化镁溶液。试样清洁后应小心存放,不能由于处置不当而再次受污染。

第二步:初始数据记录。每根钢丝分别编写钢丝序号,并记录单根试样质量。记录完毕后将试样两头端面处用玻璃胶或密封胶密封。

第三步:摆放试样。用惰性非金属材料的置物架放置试样;试样的放置位置应使它们不受喷雾器的直接喷射;试样的排列应保证喷雾能自由地落在全部测试件上,不应妨碍测试液自由落下;试样表面在喷雾箱中暴露的角度是非常重要的,试样在喷雾箱中应尽可能与垂直方向成15°~25°。

第四步:开机测试。记录测试初始时间,试样一组试验开始后的每24h观察一次盐雾箱,检验是否有异常情况,之后每隔48h观察一次盐雾箱。在试验过程中按照腐蚀物的特征和腐蚀面积的百分比进行拍照记录。试样二组分别于0h、1500h、3000h、4000h、5000h分批检测两种镀层钢丝表面锈蚀情况和镀层质量损失,计算镀层失重比。测量镀层质量损失,按《金属与合金的腐蚀—腐蚀试样中腐蚀生成物的清除》(ISO 8407—2021)规定的物理及化学方法去除腐蚀产物,干燥后称重,根据试样暴露面积,计算得出镀层单位面积质量损失。腐蚀物的特征是根据盐雾试验后腐蚀物的外观特征来进行表述,常见盐雾试验后的腐蚀特征为出现棕色铁锈。表2-4~表2-7为试验过程记录。

试验过程记录(一组)　　　　　　　表2-4

时间(h)	热镀锌钢丝	新型锌-10%铝-稀土合金镀层钢丝	备注
0			两种镀层表面光滑、无污物
480			热镀锌钢丝锈蚀面积达到20%~30%;新型锌-10%铝-稀土合金镀层钢丝未出现红色锈蚀
720			热镀锌钢丝锈蚀面积达到60%~70%,将热镀锌钢丝从盐雾箱取出,试验停止;新型锌-10%铝-稀土合金镀层钢丝未出现红色锈蚀

续上表

时间(h)	热镀锌钢丝	新型锌-10%铝-稀土合金镀层钢丝	备注
1824	—	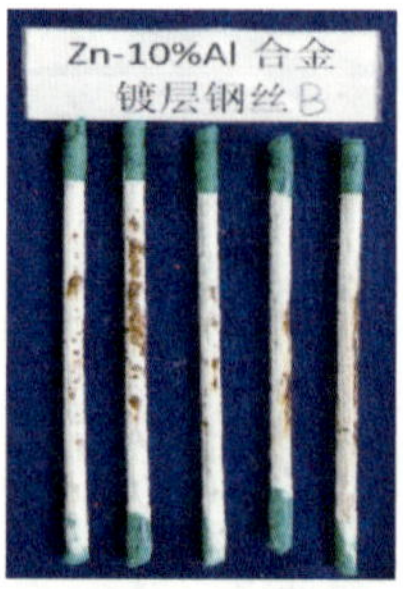	新型锌-10%铝-稀土合金镀层钢丝锈蚀面积达到20%~30%
2712	—	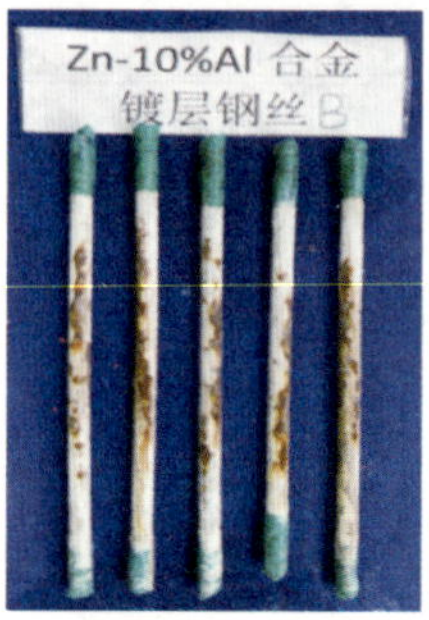	新型锌-10%铝-稀土合金镀层钢丝锈蚀面积达到60%~70%

试验过程记录(二组) 表2-5

时间(h)	热镀锌钢丝	新型锌铝镁合金镀层钢丝	备注
0			两种镀层表面光滑、无污物
1500	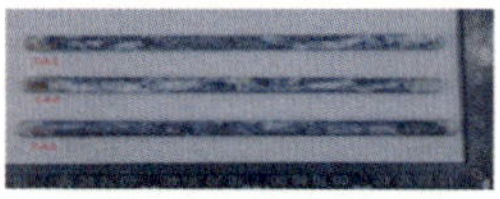		热镀锌钢丝开始出现锈蚀；新型锌铝镁合金镀层钢丝未出现红色锈蚀
3000	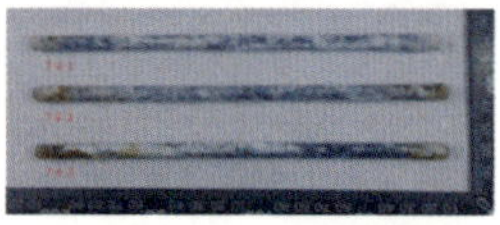		热镀锌钢丝锈蚀面积达到10%~20%；新型锌铝镁合金镀层钢丝未出现红色锈蚀
4000		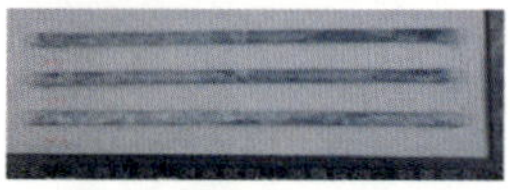	热镀锌钢丝锈蚀面积达到30%~40%；新型锌铝镁合金镀层钢丝未出现红色锈蚀
5000			热镀锌钢丝锈蚀面积达到40%~50%；新型锌铝镁合金镀层钢丝未出现红色锈蚀

第2章 新型镀层主缆钢丝腐蚀疲劳破坏机理

试验过程记录（质量）　　　　　　　　　　　　　　　　　表 2-6

时间 （h）	名　称	试验前 质量 （g）	试验后 质量 （g）	镀层溶解后 质量 （g）	原始镀层 质量 （g）	盐雾损失 质量 （g）	残留镀层 质量 （g）
0	新型锌铝镁合金镀层钢丝	43.946	43.946	42.553	1.393	0.000	1.393
		44.342	44.342	42.906	1.436	0.000	1.436
		43.696	43.696	42.342	1.354	0.000	1.354
	均值	43.995	43.995	42.600	1.394	0.000	1.394
0	热镀锌钢丝	57.043	57.043	55.570	1.473	0.000	1.473
		59.640	59.640	58.122	1.518	0.000	1.518
		59.323	59.323	57.782	1.541	0.000	1.541
	均值	58.669	58.669	57.158	1.511	0.000	1.511
4000	新型锌铝镁合金镀层钢丝	43.622	43.336	42.272	1.350	0.286	1.064
		43.378	43.097	42.102	1.276	0.281	0.995
		43.946	43.694	42.591	1.355	0.252	1.103
	均值	43.649	43.376	42.322	1.327	0.273	1.054
4000	热镀锌钢丝	58.667	57.639	57.075	1.592	1.028	0.564
		58.588	57.681	57.118	1.470	0.907	0.563
		59.486	58.515	57.905	1.581	0.971	0.610
	均值	58.914	57.945	57.366	1.548	0.969	0.579
5000	新型锌铝镁合金镀层钢丝	43.866	43.579	42.571	1.295	0.287	1.008
		44.300	43.999	42.847	1.453	0.301	1.152
		44.390	44.093	42.923	1.467	0.297	1.170
	均值	44.185	43.890	42.780	1.405	0.295	1.110
5000	热镀锌钢丝	60.294	59.177	58.686	1.608	1.117	0.491
		60.473	59.382	58.866	1.607	1.091	0.516
		59.510	58.487	57.951	1.559	1.023	0.536
	均值	60.092	59.015	58.501	1.591	1.077	0.514

钢丝镀层失重比　　　　　　　　　　　　　　　　　表 2-7

时间 （h）	名　称	原始镀层质量 （g）	盐雾损失质量 （g）	残留镀层质量 （g）	失重比 （%）
0	新型锌铝镁合金镀层钢丝	1.394	0.000	1.394	0.00
	热镀锌钢丝	1.511	0.000	1.511	0.00
4000	新型锌铝镁合金镀层钢丝	1.327	0.273	1.054	20.57
	热镀锌钢丝	1.548	0.969	0.579	62.59
5000	新型锌铝镁合金镀层钢丝	1.467	0.297	1.170	21.00
	热镀锌钢丝	1.591	1.077	0.514	67.69

2.1.4 结论

（1）热镀锌钢丝开始出现红色锈蚀的时间为288h,新型锌-10%铝-稀土合金镀层钢丝开始出现锈蚀的时间为1080h。新型锌-10%铝-稀土合金镀层钢丝的腐蚀时间约为纯锌镀层的3.75倍。

（2）热镀锌钢丝出现30%锈蚀面积的时间为480h,而新型锌-10%铝-稀土合金镀层钢丝开始出现30%锈蚀面积的时间为1824h。新型锌-10%铝-稀土合金镀层钢丝的腐蚀时间约为纯锌镀层的3.8倍。

（3）热镀锌钢丝出现70%锈蚀面积的时间为720h,而新型锌-10%铝-稀土合金镀层钢丝开始出现70%锈蚀面积的时间为2712h。新型锌-10%铝-稀土合金镀层钢丝的腐蚀时间约为纯锌镀层的3.77倍。

（4）4000h时,热镀锌钢丝镀层失重比是新型锌铝镁合金镀层钢丝的3.04倍;5000h时镀锌钢丝镀层失重比是新型锌铝镁合金镀层钢丝的3.22倍,且呈递增状态。

综上所述,新型锌-10%铝-稀土合金镀层钢丝和新型锌铝镁合金镀层钢丝的耐腐蚀性能能够达到镀锌钢丝的3倍以上。

2.2 新型镀层主缆钢丝的应力腐蚀性能

2.2.1 应力腐蚀机理

应力腐蚀是指材料在腐蚀介质和应力(拉伸应力)的联合(协同)作用下产生的腐蚀开裂,在宏观上开裂是脆性的。应力腐蚀是应力和腐蚀的"协同"作用,而不是简单的同时作用,也就是说应力与腐蚀的破坏作用不是简单的叠加,两者是相互促进的。应力腐蚀中的应力必须为拉伸应力,腐蚀介质的主要成分为氯化物、氢氧化物、硝酸盐及含氧水等。

金属的应力腐蚀破裂过程一般可分为三个阶段:第一阶段为孕育期,因腐蚀过程的局部化和拉应力共同作用,形成裂纹源;第二阶段为腐蚀裂纹发展期,使裂纹扩展;在第三阶段中,由于拉应力的局部集中,裂纹急剧生长导致材料的破坏。在桥梁缆索热镀钢丝中,钢丝金属的表面缺陷(划痕、小孔)部位的电位比其他部位低,会成为活性点,为应力腐蚀提供裂纹核心。以上裂纹核心,在特定介质(含活性阴离子,尤其是氯离子)和拉应力的联合作用下,将产生塑性变形,导致表面保护层、钝化膜等破裂,新裸露的钢丝金属表面相对于钝化表面的电位变负,形成一个面积特别小的阳极,以较大的腐蚀电流迅速溶解成为蚀坑。在拉应力条件下,以上蚀坑沿着拉应力垂直的方向发展为微观裂纹,就完成了裂纹的孕育阶段。微观裂纹形成后,裂纹尖端产生应力集中,高的集中应力使裂纹尖端及附近区域屈服变形,微观滑移再次破坏尖端表面膜,使尖端又一次加速溶解。这些步骤连续交替进行,裂纹便不断向深处扩展。这就是裂纹的扩展阶段。随着裂纹扩展阶段的进行,拉应力逐渐增大,应力集中随之增大,引起裂纹的迅速扩展,最后导致材料的破坏。

应力腐蚀的三个必备条件:一是有敏感的金属材料,一般认为合金比纯金属更容易发生应力腐蚀开裂,纯金属不会发生应力腐蚀断裂;二是有特定的腐蚀介质,对于某种合金,能发生应力腐蚀断裂与其所处的特定腐蚀介质有关;三是有拉伸应力,拉伸应力一般有两种,一种是残余应力,主要是温差热应力及相变的相变应力,另一种是材料承受外加载荷造成的应力,一般以残余应力为主。

采用抗腐蚀性能较强的锌-10%铝-稀土合金防腐镀层是杜绝钢丝应力腐蚀的有效措施之一。

2.2.2 新型镀层钢丝应力腐蚀试验设计

为了模拟主缆索股钢丝的工作实况,采用7根钢丝组成的模拟索股进行了应力腐蚀试验。

该试验设计方案如下:在盐雾腐蚀试验前需对主缆索股进行反复应力加载,加载应力下限为40%公称破断索力,加载应力上限为60%公称破断索力,循环加载次数为10次;完成以上循环荷载后,让索股在保持40%公称破断索力的拉应力状态下放入盐雾箱,进行应力下的高温中性盐雾试验1008h(相当于常规中性盐雾试验3000h以上)。完成以上应力腐蚀后,将索股加载至95%公称破断荷载,验证是否发生应力腐蚀断裂,如图2-1所示。

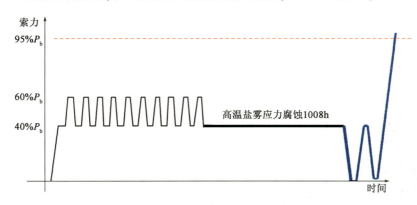

图2-1 钢丝应力腐蚀试验加载示意图

注:P_b为索股公称破断索力。

新型镀层钢丝应力腐蚀的试验条件见表2-8。

新型镀层钢丝应力腐蚀试验条件 表2-8

项 目	试验参数	项 目	试验参数
箱体温度(℃)	50±2	沉降量(mL/h)	1.0~2.0
饱和温度(℃)	48	pH值	6.5~7.2
配置浓度(g/L)	50±5	试样放置角度	与垂直方向成15°~25°
喷雾压力(MPa)	0.09~0.10	索力	40%的钢丝公称破断索力

注:本次盐雾腐蚀对比试验的评价采用表面观察法。

2.2.3 新型镀层钢丝应力腐蚀试验过程

选择φ6.0mm锌-10%铝-稀土合金防腐镀层钢丝进行模拟索股制作,索股规格为7φ6.0mm,两端采用热铸锚形式,一端为张拉端,一端为固定端,索股尺寸参数见表2-9。模拟索股组装图如图2-2所示。

索股试样情况　　　　　　　　　　　　　　　　表2-9

项目	索股规格	索股净长	索股总长
数值	7φ6.0mm	360mm	820mm

图2-2　模拟索股组装图

模拟索股在盐雾腐蚀试验前需进行反复应力加载,加载力为公称破断索力的40%~60%,加载次数为10次,最后让模拟索股保持公称破断索力40%的拉力。

模拟索股循环荷载加载示意图如图2-3所示。

图2-3　模拟索股循环荷载加载示意图

完成以上循环加载后,进行应力下的高温盐雾腐蚀试验。盐雾试验条件如下:

试验开始后的每24h观察一次盐雾箱,检验是否有异常情况,之后每隔48h观察一次盐雾箱。在试验过程中按照腐蚀物的特征和腐蚀面积的百分比进行拍照记录。腐蚀物的特征是根据盐雾试验后腐蚀物的外观特征来进行表述,常见盐雾试验后的腐蚀特征为出现棕色铁锈。按照试验方案,高温盐雾腐蚀达到1008h后(相当于标准中性盐雾试验3000h),停止腐蚀试验,进行索股拉伸试验,验证模拟应力腐蚀试验后索股的承载能力。

试验过程记录如图2-4所示。

试验结果表明,在40%的钢丝公称破断荷载的应力条件下,索股在高温盐雾腐蚀达到1008h后(相当于标准中性盐雾试验3000h),索股腐蚀产物上出现黄斑,但钢丝未出现棕色锈蚀。

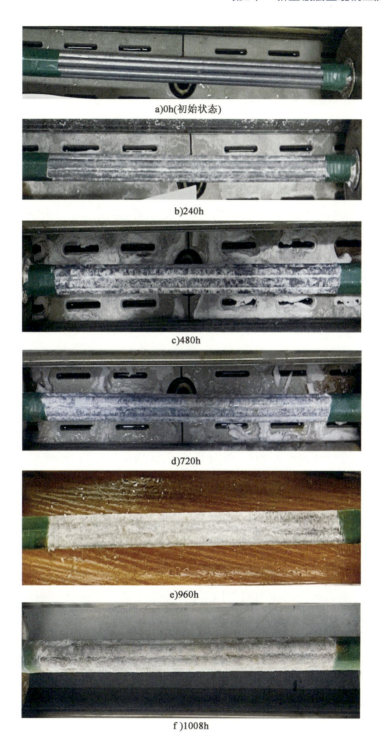

a) 0h(初始状态)

b) 240h

c) 480h

d) 720h

e) 960h

f) 1008h

图 2-4 试验过程记录

完成以上应力腐蚀后,进行腐蚀后的索股的静载试验。该试验在静载试验台架上进行,分级加载。由 $0.1P_b$ 开始加载,每级 $0.1P_b$,加载后均保持 5min,加载速度不大于 100MPa/min;

逐级加载至 $0.6P_b$ 后保持 10min,再卸载至 $0.1P_b$。然后再由 $0.1P_b$ 开始,每级 $0.1P_b$,持荷 5min 后加载至 $0.8P_b$,持荷 30min 后继续加载,每级 $0.05P_b$,直至 $0.95P_b$。

经过以上试验后,模拟索股无断丝,延伸率达到 2% 以上,说明 $\phi6.0$mm 锌-10% 铝-稀土合金防腐镀层钢丝索股未发生应力腐蚀。

2.2.4 结论

(1)试验结果表明,在40%的钢丝公称破断荷载应力条件下,索股在高温盐雾腐蚀达到 1008h 后(相当于标准中性盐雾试验 3000h),索股腐蚀产物上出现黄斑,但钢丝未出现棕色锈蚀。

(2)经过以上试验后,模拟索股无断丝,延伸率达到 2% 以上,说明索股未发生 $\phi6.0$mm 锌-10% 铝-稀土合金防腐镀层钢丝应力腐蚀。试验表明,采用可靠的钢丝镀层防护技术是防止桥梁缆索钢丝应力腐蚀断裂的有效手段之一。

2.3 新型镀层主缆钢丝的腐蚀疲劳性能

2.3.1 腐蚀疲劳机理

高强度钢丝在重复的交变应力与腐蚀介质共同作用下的断裂称腐蚀疲劳断裂。在反复变化的应力作用下,钢丝在平均应力远低于屈服应力时所发生的破坏是疲劳破坏。在应力高峰及局部塑变区、缺陷和微裂处,腐蚀介质的存在加速裂纹的扩展;同时腐蚀坑等缺陷也是裂纹萌生的根源。因此,在腐蚀疲劳断裂中,反复应力和腐蚀相互促进,加速裂纹的扩展。不同镀层钢丝的腐蚀形貌不同,因而其腐蚀疲劳性能也有较大的差异。

腐蚀疲劳涉及材料、环境和交变载荷之间的交互作用,断裂呈现多种形态,并且没有介质的选择性,裂纹扩展速率也表现多种规律,因此,腐蚀疲劳断裂机理也有多种假设,如环境裂纹形核模型、氧化膜下合金堆聚形成裂纹模型、气相吸附降低表面合金理论、孔蚀应力集中模型、滑移带有限溶解模型等。通常用金属材料的疲劳机理和电化学腐蚀作用结合来说明腐蚀疲劳的机理。一般认为,金属在交变应力的作用下,某些部位先产生塑性变形,造成表面电化学性质的不均匀,形成腐蚀电池。金属应变部位为阳极,而未变形处为阴极,阳极腐蚀生成微裂纹,裂纹在应力和腐蚀介质共同作用下沿滑移面扩展,故多产生穿晶开裂。

常见的腐蚀疲劳机理模型主要有以下4种:①点蚀加速裂纹形成理论。在腐蚀疲劳初期,金属表面固有的电化学性不均匀和疲劳损伤导致滑移带形成所造成的电化学性不均匀,腐蚀的结果在金属表面形成点蚀坑。点蚀坑是控制低应力和低寿命腐蚀疲劳的最重要因素,点蚀孔在疲劳实验的早期阶段形成,并成为疲劳裂纹萌生源,这是因为点蚀孔导致局部应力集中以及闭塞电池溶液化学的形成,有利于疲劳裂纹的扩展,在孔底应力集中产生滑移。孔蚀或其他局部腐蚀造成缺口、缝隙,引起应力集中,造成滑移。滑移台阶的腐蚀溶解使逆向加载时表面不能复原,成为裂纹源。反复加载使裂纹不断扩展,腐蚀作用使裂纹扩展速度加快。在交变应力作用下,滑移具有累积效应,表面膜更容易遭到破坏。裂纹越深,缺口效应越严重,引起尖端应力水平上升,腐蚀电位升高,腐蚀加剧等。实际工程构件的疲劳裂纹大都在零件表面缺陷、晶界或第二相粒子处萌生。②形变活化腐蚀理论。循环应力下滑移带的形成使金属电化学性不均匀,滑移带集中的变形区域与未变形区域组成腐蚀电池,变形区为阳极,未变形区为阴极,阳极不断溶解而形成疲劳裂纹。③保护膜破裂理论。对易钝化的金属,腐蚀介质首先在金属表面形成钝化膜,在循环应力作用下,表面钝化膜遭到破坏,在滑移台阶处形成无膜的微小阳极区,周围大面积为有膜覆盖的阴极区。因此,阳极区快速溶解,直到膜重新修复为止,重复以上滑移-膜破-溶解-成膜的过程,在交变应力作用下促进了裂纹的扩展,逐步形成了腐蚀疲劳裂纹。④吸附理论。金属与环境界面吸附了活性物质,使金属表面能降低,从而改变了金属的力学性能。氢脆是吸附理论的典型例子。

影响金属腐蚀疲劳寿命的主要因素包括:①力学因素。腐蚀疲劳与循环加载的频率和波形强烈相关,而在纯机械疲劳中,应力交变频率和波形对疲劳性能影响甚微。一般说来,每一循环应力与环境的共同作用时间越长,腐蚀疲劳便越严重。②环境因素。腐蚀疲劳不要求特定的材料-环境组合,温度、介质的腐蚀性、外加电流等对腐蚀进程有影响的因素,对材料的腐蚀疲劳行为都有显著影响。环境的腐蚀性增强,则腐蚀疲劳强度降低、使用寿命缩短。③材料耐蚀性因素。耐蚀性较高的材料,抗腐蚀疲劳较好,反之亦然。组织结构和组织的均匀性、夹杂物形状、表面状态等对材料抗应力腐蚀性能有影响的因素,都对材料的抗腐蚀疲劳有显著影响。腐蚀疲劳强度与其耐蚀性有关,耐蚀材料的腐蚀疲劳强度随抗拉强度的提高而提高,耐蚀性差的材料腐蚀疲劳强度与抗拉强度无关。一般在容易发生点蚀的腐蚀环境下,材料的疲劳性能显著降低。

2.3.2 新型镀层钢丝腐蚀疲劳试验设计

考虑到现有试验方法及大桥服役条件,对钢丝预腐蚀疲劳试验、腐蚀疲劳耦合试验两种常规模拟腐蚀疲劳耦合作用的方法,以及本书提出的干湿交替腐蚀-疲劳循环耦合试验的新方法进行比选。

(1)钢丝预腐蚀疲劳试验。首先将试验钢丝放入腐蚀介质中进行预先腐蚀,随后将腐蚀到一定程度的钢丝放在疲劳试验机上进行疲劳应力循环,研究发生了腐蚀的钢丝的残余疲劳寿命值。钢丝在预腐蚀过程中,处于无应力状态,但腐蚀介质的存在导致钢丝表面产生了腐蚀坑、腐蚀裂纹等,该腐蚀坑和腐蚀裂纹促进了疲劳裂纹源的形成和裂纹的扩大,涉及腐蚀和疲劳的先后关系。桥梁缆索钢丝的预腐蚀试验一般是先进行中性盐雾腐蚀,当钢丝表面出现锈蚀时,按照相关疲劳试验条件[一般应力上限为 $0.45\sigma_b$(σ_b 为钢丝的抗拉强度标准值)、应力变幅为 350~410MPa]进行循环疲劳试验,记录疲劳破坏的次数。该类型试验能够得到腐蚀后试件的疲劳强度,了解腐蚀作用对疲劳性能的影响,但不能研究腐蚀和疲劳之间的相互作用,且与实桥主缆钢丝的服役条件也不一致,因此一般不能直接用于对该桥主缆钢丝服役环境的模拟。

(2）疲劳腐蚀耦合试验。试验钢丝疲劳试验中(一般应力上限为 $0.45\sigma_b$，应力变幅为 350～410MPa)，连续进行盐雾腐蚀，以实现疲劳与腐蚀的耦合。但由于钢丝疲劳试验在高频疲劳试验机上进行，疲劳频率高，一般 1d 即可完成 200 万次疲劳试验，但 1d 的盐雾腐蚀时间太短，无法产生引起钢丝抗疲劳性能下降的腐蚀裂纹，腐蚀坑无法达到预期疲劳腐蚀耦合的效果，无法模拟钢丝疲劳腐蚀耦合失效的状况。

(3）干湿交替腐蚀-疲劳循环耦合试验。先对试验钢丝进行疲劳试验，即以一定的条件进行 30 万次疲劳加载(时间约需 1d)，再进行高温盐雾腐蚀试验，即将钢丝试样置于温度为 50℃ 的盐雾箱中，以 15d 作为一个腐蚀循环，15d 腐蚀完成后取出钢丝，使带着沉降盐雾的钢丝在常温干燥环境下进行疲劳试验；如此完成一个高温湿盐雾腐蚀与常温干燥盐沉降物腐蚀结合的干湿交替腐蚀作用与疲劳的耦合作用循环。按照以上步骤进行多次疲劳腐蚀循环试验直至钢丝破坏，记录腐蚀周期和疲劳循环次数。该类试验可较好地模拟悬索桥实桥服役环境中阶段性高温、高盐的腐蚀环境和疲劳作用的情况。此外，考虑到引起悬索桥主缆疲劳的荷载主要包括车辆荷载、风荷载和温度荷载，这些疲劳荷载并不是连续发生，伶仃洋大桥服役环境中的腐蚀条件也是高低温循环下的干湿交替不均匀盐雾腐蚀，因此该方法能对此得到较好的模拟效果。

综上所述，钢丝预腐蚀疲劳试验、疲劳腐蚀耦合试验两种常规模拟腐蚀-疲劳耦合作用的方法均不能科学地模拟伶仃洋大桥的服役条件；本书提出的干湿交替腐蚀-疲劳循环耦合试验能更好地模拟伶仃洋大桥服役环境中的腐蚀条件，因此选为腐蚀疲劳试验方法。

疲劳试验的应力上限为 927MPa［即 $\sigma_b/K \approx 0.45\sigma_b$，$\sigma_b = 2060$MPa，$K$ 为安全系数，参考《公路悬索桥设计规范》(JTG/T D65-05—2015)的 3.2.6 条和 9.4.2 条，此处计算得到 $K=2.22$］，应力变幅分别取 360MPa、410MPa、460MPa。根据国内外桥梁缆索的相关规范及桥梁缆索钢丝的常规疲劳试验方法，本书常规疲劳试验及腐蚀疲劳试验均以 200 万次为目标进行应力循环加载。试验过程中，如果钢丝断裂，记录相应的断裂循环次数；如果加载 200 万次未发生断裂，则停止疲劳试验。

跨海桥梁主缆钢丝长期处于干湿交替的盐雾环境，易发生锈蚀。为较好地模拟伶仃洋大桥服役环境，考虑到温度的升高可大幅提高钢丝腐蚀速度，参照《人造气氛腐蚀试验盐雾试验》(GB/T 10125)，对高强度锌-10%铝-稀土合金镀层钢丝采用高温加速循环盐雾腐蚀模拟方法，盐雾干湿交替循环条件为 15d 高温盐雾环境与 1d 常温干燥环境(同时进行钢丝 30 万次疲劳循环加载)循环。新型镀层钢丝腐蚀疲劳试验条件见表 2-10。

新型镀层钢丝腐蚀疲劳试验条件　　　　表 2-10

项　　目	试验参数	项　　目	试 验 参 数
高温盐雾腐蚀温度(℃)	50±2	盐雾箱湿度	≥85%
盐雾箱盐雾沉降量(mL/h)	1～2	干腐蚀环境温度(℃)	23±2
盐雾箱 NaCl 溶液浓度	5%	干腐蚀相对湿度	≤50%
pH 值	6.5～7.2		

注：盐雾箱的盐雾沉降面积为 80cm²。

上述模拟海洋环境的腐蚀试验条件可实现：①在高温盐雾阶段，盐雾喷射在被测件上，盐雾溶液充当腐蚀介质，使被测钢丝发生电化学腐蚀，出现生锈、起泡或其他变化。通过盐雾的连续喷射，可以保持腐蚀介质的更新，试样表面的腐蚀得以持续发展和进行。②在湿热阶段（潮湿和冷凝等），通过盐雾阶段累积在试样表面的腐蚀介质，由试样表面逐渐向试样内部扩散，从而引起试样深度方向的腐蚀。③当钢丝拿出盐雾箱后，进行疲劳应力循环加载时，表面有盐雾的钢丝由潮湿阶段进入干燥阶段，由于湿度减小，导致试样表面上盐溶液浓度升高，引起表面腐蚀速度加快。这种盐雾试验条件与疲劳试验条件的循环组合，一方面可加速钢丝试样的腐蚀程度，缩短测试时间；另一方面，可以模拟实际悬索桥主缆钢丝所处潮湿与干燥交替的海洋环境等条件。试验方法中钢丝高应力幅疲劳与无应力状态的交替循环，使得试验条件与悬索桥主缆钢丝的真实使用环境更为接近。

2.3.3 新型镀层钢丝腐蚀疲劳试验过程

采用 SF06 盐雾箱和 100kN 轴向拉伸疲劳试验机进行干湿交替腐蚀-疲劳循环耦合试验。在不同应力变幅下，采用疲劳→高温盐雾湿腐蚀→常温盐雾沉降物干腐蚀+疲劳应力循环→高温盐雾湿腐蚀→常温盐雾沉降物干腐蚀+疲劳应力循环的干湿盐雾不均匀腐蚀与疲劳交替循环耦合模式，直至钢丝发生腐蚀疲劳断裂，记录疲劳断裂循环次数和钢丝表面的腐蚀状态。

具体步骤为：①将第 1 组钢丝（3 根）在应力上限为 927MPa、应力变幅为 360MPa 的应力条件下，进行疲劳应力循环 20 万次。②将以上试样放入温度为 50℃ 的高温加速中性盐雾箱（腐蚀速度为常温盐雾腐蚀的 2 倍），进行盐雾加速腐蚀 15d。③从盐雾箱中取出以上钢丝，将表面附着有盐雾沉降物的钢丝放置在常温（23±2）℃ 条件下进行疲劳应力循环 30 万次（约为 1d）。④完成以上试验后回到步骤②和③，依次交替循环，直到钢丝疲劳断裂为止，记录断裂循环次数。如此完成第 1 组钢丝试验。⑤第 2 组（3 根）钢丝、第 3 组（3 根）钢丝分别在应力变幅为 410MPa 和 460MPa 的应力条件下进行试验，步骤同第 1 组。

腐蚀-应力疲劳循环交替耦合试验结果见表 2-11。由表 2-11 可知：①第 1 组试样和第 2 组试样经过了 4 个高温盐雾腐蚀疲劳的循环周期后断裂，高温加速盐雾腐蚀试验时间为 1440h（腐蚀时间相当于中性盐雾腐蚀试验 2880h，已经达到常规热镀锌钢丝盐雾腐蚀试验的 3 倍以上），第 3 组高温加速盐雾试验时间为 2160h（相当于中性盐雾腐蚀试验 4320h，达到常规盐雾腐蚀试验的 4 倍以上），说明钢丝试样在干湿交替腐蚀-疲劳循环耦合试验较常规腐蚀试验的腐蚀程度更为苛刻。②由于腐蚀和疲劳循环耦合作用，钢丝抗疲劳性能有所降低，其循环次数均未达到 200 万次就发生断裂，其断裂次数降低幅度与疲劳应力变幅成反比。应力变幅为 360MPa 时，应力循环次数为 197 万次，接近 200 万次。当应力变幅为 410MPa 时，疲劳循环次数降低了 32%；当应力变幅为 460MPa 时，疲劳循环次数降低了 34%。

腐蚀-应力疲劳循环交替耦合试验结果　　　　　　表 2-11

编号	疲劳应力条件			疲劳循环总次数 N（次）	常温盐雾沉降物干腐蚀时间(h)(23 ± 22)℃	高温盐雾湿腐蚀时间(h)(50 ± 22)℃
	最大应力 σ_{max}（MPa）	最小应力 σ_{min}（MPa）	应力变幅 σ_a（MPa）			
1	927	467	460	1.29×10^6	96	1440
	927	467	460	1.32×10^6	96	1440
	927	467	460	1.33×10^6	96	1440
2	927	517	410	1.36×10^6	96	1440
	927	517	410	1.37×10^6	96	1440
	927	517	410	1.37×10^6	96	1440
3	927	567	360	1.96×10^6	144	2160
	927	567	360	1.96×10^6	144	2160
	927	567	360	1.97×10^6	144	2160

综上所述，在钢丝表面出现红色锈蚀，且红色锈蚀面积不超过30%的情况下，应力变幅为460MPa和410MPa的钢丝疲劳寿命明显降低；在红色锈蚀面积约为30%的情况下，应力变幅为360MPa的钢丝疲劳寿命也略有降低。这说明腐蚀-疲劳耦合会降低主缆钢丝的服役寿命，在同样的腐蚀条件下，疲劳应力变化范围越大、平均应力越大，钢丝的疲劳寿命降低越快。

为了进一步分析高强度钢丝腐蚀疲劳机理，对疲劳断裂的断口放大观察，发生腐蚀疲劳断裂的钢丝断口形貌如图2-5所示。由图2-5可知：①钢丝试样的疲劳裂纹多起源于表面腐蚀孔或表面缺陷，往往成群出现（多裂纹），并沿垂直于拉应力的方向扩展。②裂纹主要是穿晶型的，也有晶间型和混合型的，随腐蚀发展裂纹变宽。③腐蚀疲劳断口同时具有腐蚀（腐蚀孔、腐蚀产物）特征和疲劳（疲劳辉纹）特征。

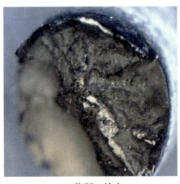

a) 50倍断口放大　　　　　　　b) 100倍断口放大

图 2-5　发生腐蚀疲劳断裂的钢丝断口形貌

综合以上试验结果及疲劳断口微观形态分析可知，锌-10%铝-稀土合金镀层主缆钢丝的腐蚀疲劳破坏过程具体为：①裂纹起始阶段，腐蚀环境使金属表面发生点蚀，进而形成蚀孔，蚀孔周边形成微裂纹,成为腐蚀疲劳的裂纹起始。②裂纹扩展阶段,在交变荷载作用下,形成滑移台阶,滑移台阶又在腐蚀介质作用下发生溶解形成新的活性表面。两者耦合循环作用下,裂纹不断扩展,主要特征为穿晶裂纹扩展。随着蚀孔逐步扩大,应力集中也会带来沿晶裂纹扩展。③腐蚀疲劳破坏阶段,穿晶裂纹扩展至整个钢丝断面,宣告破坏。

2.3.4 结论

通过模拟实桥的干湿高低温交替耦合疲劳试验可知,由于腐蚀和疲劳循环耦合作用,钢丝抗疲劳性能大幅降低,其循环次数均未达到 200 万次就发生断裂,其断裂次数与疲劳应力变幅成反比,即疲劳应力变化越大,其应力循环次数越少。应力变幅为 360MPa,腐蚀时间达常规盐雾腐蚀时间 4 倍以上时,钢丝表面锈蚀超过 30%,应力循环次数为 197 万次,接近 200 万次。当应力变幅为 410MPa 时,疲劳循环次数降低了 32%;当应力变幅为 460Pa 时,疲劳循环次数降低了 34%。

通过对疲劳腐蚀的断口分析可知,对于桥梁缆索用钢丝,其腐蚀疲劳机理模型为点蚀加速裂纹形成理论。在腐蚀疲劳初期,金属表面固有的电化学性不均匀和疲劳损伤导致滑移带形成所造成的电化学性不均匀,腐蚀的结果是在金属表面形成点蚀坑。另外,孔蚀或其他局部腐蚀造成缺口、缝隙,引起应力集中及闭塞电池溶液化学反应池的形成,造成滑移,并成为疲劳裂纹萌生源。反复加载使裂纹不断扩展,腐蚀作用使裂纹扩展速度加快。在交变应力作用下,滑移具有累积效应,表面膜更容易遭到破坏。裂纹越深、缺口效应越严重,尖端应力水平上升,腐蚀电位升高,腐蚀加剧等。在疲劳应力下,所有的金属材料在任意的介质中均可发生腐蚀,但在容易腐蚀引起孔蚀的介质中更易发生腐蚀。

由于悬索桥主缆是由几万根钢丝组成的,除了点蚀以外,还容易发生缝隙腐蚀。点蚀与缝隙腐蚀的共同特征是孔穴的几何形状限制了孔穴中的溶液与外部本体溶液之间的质量转移,腐蚀介质的扩散受到限制,这可导致孔穴中溶液成分和电极电位发生变化,因而引起反应速度的变化。这类引起阳极局部活化腐蚀的小孔、缝隙或裂纹等,统称为"闭塞腐蚀孔穴",或泛称"闭塞腐蚀电池"。金属在氯化物溶液中的点蚀和缝隙腐蚀两者是密切相关的。通常认为,两者产生的机理虽不相同,但其发展机理均具有闭塞电池腐蚀的特征,根据电化学观点,两种腐蚀过程是相同的。差别在于,材料发生点蚀对介质有选择性,而缝隙腐蚀对介质没有选择性。由于缝隙中溶液与外部本体溶液的交换困难,造成在狭窄缝隙中电解成分的变化比未被覆盖的点孔的情况下要快得多,因而缝隙腐蚀的萌生电位通常也比点蚀电位低。在多数情况下,缝隙腐蚀的萌生比点蚀更快,因而缝隙腐蚀的危害性比点蚀更大。

因此,对于悬索桥主缆钢丝,采取保护措施防止钢丝表面发生点蚀和缝隙腐蚀形成蚀孔是防止高强度钢丝发生腐蚀疲劳断裂的关键。

2.4 本章小结

悬索桥在使用过程中,由于受到自然环境、有害物质的侵蚀,车辆、风雨、地震、疲劳等外来作用,以及材料自身性能的自然老化,导致缆索等关键材料的性能不断衰退,以上衰退又会导致剩余主缆承载构件的疲劳应力进一步加大,疲劳与腐蚀的耦合作用更加明显。主缆是由数以万计的钢丝组成的集合体,因此,主缆钢丝的腐蚀并不是全面腐蚀,而是先发生镀层的局部腐蚀,尤其是点蚀和缝隙腐蚀。

对于悬索桥主缆钢丝,采取保护措施防止钢丝表面发生点蚀和缝隙腐蚀形成蚀孔是防止高强度钢丝发生腐蚀断裂的关键。

第 3 章 高强耐久主缆钢丝和索股新材料

作为全离岸海中悬索桥,伶仃洋大桥建设条件具有"三高一大"的特点。主缆全部处于"高温、高湿、高盐"的"三高"环境中,特别是主缆最低位置基本位于海洋飞溅区。该区域属于海天交替的干湿变化区,溶氧量多,且处于阳光直射和反射区,伴随温度变化,腐蚀速度加快,导致该位置的主缆腐蚀问题较为突出。该桥建成后交通量将特别大,且重载车辆比例高,重载车辆及风等交变荷载大("一大")。因此,为提升伶仃洋大桥主缆的耐久性,研发并采用了耐久性为普通热镀锌 3 倍以上的 $\phi 6.0mm$-2060MPa 高强度锌-10% 铝-稀土合金和锌铝镁合金镀层钢丝及索股。本章阐述了相关新材料的研究内容。

3.1 耐久型锌铝多元合金镀层防腐技术研究

3.1.1 锌基镀层防腐概述

传统的桥梁缆索钢丝一般采用热浸镀锌作为基材的表面防腐方式,具有生产成本低、操作工艺简单、镀层耐蚀性优良等优点。热浸镀锌是指将表面经过清洗、活化等前处理后的钢铁材料浸没在熔融的锌液中,通过钢铁材料基体与锌液的反应,在钢铁基体表面生成与基体结合牢固并且具有一定耐蚀性能的金属镀层的工艺过程。

热浸镀锌是固态金属钢铁和液态金属锌的反应和扩散过程,一般认为是按以下步骤进行的:①固体铁溶解在融锌中;②锌和铁形成 Fe-Zn 金属化合物;③在 Fe-Zn 合金层的表面生成纯锌层。在钢基体表面热镀锌层具有较好的耐腐蚀性能,一方面是由于镀层作为阻挡层,隔离了基体与周围的腐蚀环境;另一方面,镀锌层可作为牺牲阳极,对钢基体产生电化学保护作用。该热镀工艺保证钢丝的耐久性,且热镀后钢丝的强度损失不到 5%,综合性能较好,已经应用于桥梁缆索近 100 年。

随着现代桥梁跨径的不断发展和建设地点的自然环境日趋复杂,尤其海洋环境下大跨径悬索桥主缆钢丝腐蚀状况尤为突出,全新的桥梁建设情况对热镀钢丝产品提出更高的耐久性要求,亦即提高镀层的耐腐蚀性。目前有效的方法是采用新型合金镀层取代原有的镀锌层,总体研究思路是向镀锌层中添加少量合金元素溶入其基体中提高其电极电位,减小电位差,降低腐蚀速度;加入合金元素使基体能获得较为单一的组织结构,防止形成微电池;加入合金元素使其在合金表面形成牢固而致密的氧化膜,避免合金内部与介质接触,起钝化作用。在锌液中添加铝、稀土(镁)等合金元素对提高镀层的耐蚀性、改善镀层与基体的结合强度具有明显的作用,是我国热镀工作者多年来一直努力的方向。

3.1.2 合金元素对钢丝镀层的影响规律研究

在热镀过程中,在锌浴中添加各种合金元素,主要有以下几方面的作用:①合金元素可改善镀层的组织结构和致密程度;②提高镀层的阴极极化度,通过阴极控制来降低腐蚀速度;③降低阳极活性,尤其是通过提高金属的钝性使阳极过程受阻碍而失去化学活性;④形成完整的腐蚀产物保护膜,加入一些能促使表面生成致密保护膜的合金元素,增大腐蚀体系电阻,阻滞腐蚀过程的进行。通过文献查阅和试验,研究多元合金元素对镀层防腐性能的影响。

1)铝元素的影响作用研究

铝元素(Al)作为添加金属,是对热镀锌影响最强烈的一种元素:一方面提高镀层的光泽度,减少锌液面中锌的氧化;另一方面可改变镀层的组织结构。

Al 富集于钢基和热镀锌层的界面上,不仅能阻滞铁锌合金层的反应,还能防止界面产生裂纹。富铝相能促进富锌相的成核能力,共晶相中富铝相与富锌相交错的层状组织能使加工成型性比其他镀层更好。Al 还可以使镀层光泽明显提高,因为 Al 和 O 的亲和力比 Zn 和 O 大,所以在镀层表面生成了一层 Al_2O_3 的保护膜,防止镀层表面的氧化。Al 还能提高热镀锌液的流动性和镀层均匀性等。随着 Al 含量的提高,Zn-Al 合金在凝固过程中会发生共晶反应(共晶点 5% Al,382℃)、调幅分解反应(275.0~361.5℃)和共析反应(共析点 22% Al,275℃),最终组织可能是 Zn、Zn-Al 共晶、Zn-Al 共析组织及其混合物。从耐蚀性与组织的关系来看,共晶与共析组织较好,因为它们都完全由薄片状交替分布的 Al 相和 Zn 相组成,不含有粗大的先共晶相和先共析相,其合金耐蚀性较好。

综上所述,Al 的添加有以下优点:①提高了熔液的流动性,使得整个镀层表面的薄厚程度基本达到均匀一致,从而提高了镀层的均匀性。②能够抑制 Fe 和 Zn 的反应,钢丝在进入镀槽后,较活泼的 Al 先与 Fe 发生反应,反应生成一层致密的铁铝化合物薄膜,抑制了 Fe 的扩散,使得铁锌化合物的生长速率减缓,阻碍了铁锌化合物层的生成及增厚,使钢基体与镀层相互紧密结合,提高了镀层的致密性和附着性。③使镀层合金腐蚀电位正移,腐蚀电流明显下降,腐蚀反应被延滞,使得镀层的耐腐蚀性能提高。

2)稀土元素的影响作用研究

稀土元素通常指镧系元素和钪、钇的总称。稀土元素的性质取决于其特殊的电子结构。稀土元素原子核外价电子受原子核的束缚力很小,极易失去电子成为离子,表现出极高的化学活性。在较高的温度下,稀土元素与氢、氮和氧等发生结合,起到除去杂质、净化合金熔液的作用,并改善其流动性和加工性。因此,稀土元素经常作为添加剂用于钢铁生产之中。此外,稀土元素的高化学活性使其很容易与 S 和 O 发生反应,生成稳定的氧化物和硫化物。这些产物可抑制晶粒的生长,起到细化晶粒的作用。此外,由于O、S等杂质是加速晶界腐蚀的主要因素,稀土在与O、S等杂质结合之后一方面可将其脱去,另一方面可以在镀层表面富集,最终在镀层表面形成一层致密的保护膜。该保护膜能有效阻碍外界环境中离子对基体的侵蚀,防止其向内部进一步扩散,使镀层的耐蚀性得到提升。

综上所述,添加稀土元素有以下优点:①与锌铝合金熔液中的杂质反应,起到净化合金熔液的作用,提高镀层的表面质量;②增加熔液流动性,降低熔液的表面张力,提高钢丝基体和熔液的浸润性,同时细化晶粒,最终提高耐腐蚀性能;③稀土元素与杂质元素反应于镀层表面形成氧化膜,起到物理保护屏障,从而提高镀层耐蚀性能;④稀土元素大多弥散在晶界周围,起到强化晶界、减少晶界腐蚀的作用,以提高耐晶间腐蚀性能。

但是稀土元素的添加必须是微量的,如果含量超过0.3wt%(质量分数),反而会降低镀层的塑韧性,同时会出现局部腐蚀,降低耐蚀性能。

3) Mg元素的影响作用研究

热镀液中加入Mg可以很好地改善镀层性能,少量Mg加入后可细化镀层晶粒,强化晶界,使强度性能得到提升。随着Mg含量的不断提高,腐蚀速度逐渐降低,当镀层中Mg含量超过0.50%后,镀层中会形成明显的金属间化合物$MgZn_2$和Mg_2Zn_{11}。Mg的加入,使镀层表面形成了一个非常致密的腐蚀产物层,主要为致密的$Zn_6Al_2(OH)_{16}CO_3 \cdot 4H_2O$和$Zn_5(OH)_8Cl_2 \cdot H_2O$。Mg的加入促进了$Zn(OH)_2$向致密难溶、黏连性好、低导电性的$Zn_5(OH)_8Cl_2 \cdot H_2O$转变,并抑制了阴极反应和$Zn(OH)_2$向疏松的ZnO的转变。Mg含量在0.50%~3.00%范围内,含量越高,防腐效果越好,最佳Mg含量在3.00%左右。当Mg含量超过3.50%时,因为$MgZn_2$作为初生相在镀层中形核,形成的$MgZn_2$单相晶粒粗大,镀层耐腐蚀性能反而急剧下降。同时热镀液黏稠度显著增加,热镀液对钢的浸润性下降,镀层表面呈乳白色,镀层脆化。

3.2 新型多元合金超高强度热镀钢丝的开发

3.2.1 ϕ6.0mm-2060MPa钢丝用盘条技术研究

1) 盘条选型

对于当前使用的高碳钢盘条而言,决定其强度和韧性的主要元素是C和Mn。通常采用一个简化的实用的碳当量计算公式:CE% = C% + 0.3(Mn% − 0.4)来表达材料的强度性能和韧性。试验研究表明:盘条碳当量越小,抗扭转性能越好,强度越低;碳当量越大,抗扭转性能越差,强度越大。对于2060MPa级别强度的钢丝,其盘条需采用碳含量达到0.90%以上的高碳钢,以上问题更加突出。如图3-1所示,在C% < 1%时,随着碳含量的增加,钢的强度、硬度增大,但塑性、韧性降低;在C% > 1%时,钢的硬度增大,但强度、塑性、韧性降低,这是由于当

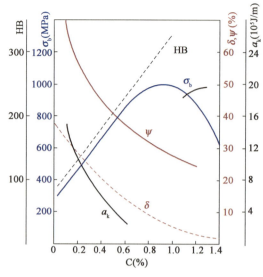

图3-1 碳含量对碳钢机械性能的影响图

碳含量较高时,渗碳体(Fe_3C)呈连续网状分布,进一步破坏了铁素体基体之间的连续作用。

另外对于具有共析成分(碳含量为0.77%以上)的过共析钢,其晶界渗碳体问题更加突出。从铁-碳平衡相图可以知道,过共析钢在缓冷到一定温度时,就会有渗碳体沿奥氏体晶界析出,在显微组织上可观察到呈网状分布,该网状渗碳体硬度高、脆性大。因此,在钢丝进行扭转的过程中,相界处的渗碳体更加容易产出微裂纹,而且伴随着扭转测试的进一步进行,微裂纹进一步扩展,最终体现为断裂扭转值也偏低。

针对ϕ6.0mm-2060MPa高强度热镀钢丝,选择碳含量为0.90%~1.00%、直径为12.5~14.5mm的超高强度盘条作为原材料。为了降低夹杂物和内部缺陷等对钢丝韧塑性能的影响,采用超纯净钢冶炼技术,将有害元素S含量控制在0.010%以下,P含量控制在0.015%以下;采用轻压下和电磁搅拌技术等控制成分偏析,同时采用在线探伤等手段,保证盘条的表面质量。采用先进的索氏体化处理技术,并结合动态稳定性控制系统(DSC),精确控制吐丝温度和冷却速度,避免产生不利于组织性能的马氏体和网状渗碳体组织,将盘条索氏体组织含量控制在90%以上。ϕ6.0mm-2060MPa高强度热镀钢丝盘条的主要参数见表3-1。

表3-1 ϕ6.0mm-2060MPa 高强度热镀钢丝盘条的主要参数

项　　目		技 术 规 定
化学成分	C	0.90%~1.00%
	Si	0.15%~1.00%
	Mn	0.30%~0.90%
	P	≤0.015%
	S	≤0.010%
	Cu	≤0.10%
	其他非金属夹杂物	≤0.10%
机械性能	抗拉强度	≥1400MPa
	断面收缩率	≥25%
	缺陷深度	<0.10mm
	脱碳层深度	≤0.07mm
热轧控冷方式或者热处理方式		在线水浴
索氏体组织		≥90%
盘条轧制方式		大方坯开坯热轧盘条

2) 盘条前处理技术

(1) 通过选择合适的酸洗工艺,有效去除盘条表面的氧化皮。

热轧盘条表面均有一层硬而脆的氧化皮层,在拉拔过程中残余的盘条氧化皮被拉拔而形成小的片状被压入钢丝基体内导致钢丝表面损伤。随着进一步的拉拔及加工,这些损伤非常容易出现断裂失效。尤其对碳含量达到0.90%以上的钢丝,其表面损伤对钢丝的性能影响更大。酸洗的目的是除去在热轧过程中表面生成的氧化铁皮或铁鳞,使钢基体表面干净,利于磷化涂层和拉拔。因此,酸洗的效果将直接影响钢丝的产品质量,酸洗不当将会产生氢脆、欠酸洗、过酸洗和点状腐蚀等缺陷,严重影响拉拔后钢丝表面质量及机械性能。

针对 $\phi 6.0$mm-2060MPa 的大直径高碳钢盘条,经过多次试验,制定出适当的酸洗工艺参数,见表3-2。

ϕ6.0mm-2060MPa 的大直径高碳钢盘条酸洗工艺参数 表3-2

处理流程	处理药剂名称	处理液浓度	处理温度	处理时间
酸洗	盐酸	总酸度(1mL):30~40Pt	20~40℃	≥20min
		盐酸浓度:10%~20%		
		铁离子含量:0~100g/L		

(2) 选择合适的磷化处理方法,满足高强钢丝拉拔润滑要求。

一般的盘条酸洗后进行磷化处理,其目的是为拉拔创造良好的润滑条件,用以减少拉拔过程中的摩擦和发热。磷化层实质上是润滑剂载体,因此必须具有以下性能:①要求具有与钢基体有结合强度,不会使钢丝进入拉丝模前或拉丝模内被破坏或被刮掉。②具有抗热性,不致被高速拉拔所破坏。③要具有足够的塑性,能随钢丝一起延展,始终覆盖在钢丝表面上。④易于吸附润滑剂,从而提高润滑效果。⑤有防锈性能,并且无其他有害影响。为满足以上要求,根据多年实际的经验,对于 ϕ6.0mm-2060MPa 钢丝用盘条,拉拔前采用磷化处理。一方面可以保证盘条在短时间内不会发生生锈;另一方面,在盘条表面形成的磷化皮膜与润滑粉的共同作用下,可以保证盘条在拉拔时的润滑效果,同时也可以降低拉丝机电机负荷。

钢丝生产过程希望磷化层薄而牢、细而密,要求它与拉丝润滑剂能配合得当,又具有耐蚀性和润滑性。磷化膜的质量主要取决于下列因素的影响:

① 总酸度和游离酸度的影响:总酸度来源于磷酸盐和硝酸盐,是酸的总和。总酸度偏高,将加速磷酸化反应,晶粒生成速度快,磷化层薄而结晶致密。但过高的总酸度将使磷与铁的反应减弱,反而不易生成磷化膜。总酸度含量低时,磷化速度缓慢,磷酸盐膜结晶粗糙、疏松,和钢丝表面结合力减弱。若游离酸度偏低,则同样使反应速度减慢、磷化膜薄而易破,且不好拉拔。

② 锌离子、铁离子的影响:如果锌离子含量较高,或说 ZnO 含量较高,则会加速钢丝磷化,结晶容易饱和,生成的膜层致密细薄、闪烁光泽、有磷光。若含量较低,则磷化膜疏松、颜色发暗。此外,磷化液中含有必要的铁离子,能促进金属与溶液界面很快达到离子浓度过饱和程

度,否则会延长磷化时间。所以,新配的磷化液中,要通过一定的措施,使其铁离子浓度有所增加。

③硝酸根离子的影响:硝酸根离子是在磷化液中作为氧化性离子,夺去铁的电子,从而加速铁的溶解,使电离过程加快。如果硝酸根含量过高,将加快磷纯反应,同时防止磷化液聚集铁豁、成膜快、细薄、致密、牢固。但过高的硝酸根离子会钝化钢丝表面,反而阻止电离反应产生。当其含量低时,磷化速度减慢,磷化膜与钢基体表面结合力弱,容易脱落。

④磷化温度的影响:磷化温度为20~30℃时,即开始有磷纯反应,只是磷化反应速度慢,磷化膜与钢基体结合不牢固。而温度升高,能加速磷化反应产应速度,提高磷化膜牢固度,缩短磷化时间。但磷化液的温度超过95℃时,其反应速度会过快,从而造成沉淀。

⑤磷化时间的影响:相同条件下,同一成分的磷化液,处理时间越长,析出的磷酸盐膜厚越厚。

对于 $\phi 6.0mm$-2060MPa 高强度钢丝,其盘条的碳含量和合金元素都会相应提高,在拉拔的过程中更容易发热并增加拉拔模具的损耗,同时也对盘条表面磷化皮膜的附着量和均匀性提出了更高的要求。基于以上研究,针对该盘条制定了专门的磷化处理工艺,见表3-3。

$\phi 6.0mm$-2060MPa 的大直径高碳钢盘条磷化工艺参数　　表3-3

处理流程	处理药剂名称	处理液浓度	处理温度	处理时间
磷化	新磷化处理液	游离酸度(10mL):4~8Pt 总酸度(10mL):40~50Pt 酸比:4~10 促进剂浓度:1~5Pt	70~95℃	5~8min

$\phi 6.0mm$-2060MPa 高强度钢丝用盘条酸洗磷化处理工序为:酸洗槽→冷水洗→皮膜处理(磷酸液浸渍)→热水洗→中和。通过对两种不同磷化处理液所形成的磷化皮膜在电子显微镜下的结果可以看出,采用专门制定的新型磷化处理液形成的磷化皮膜附着量要高于原磷化处理液,且皮膜较均匀。皮膜附着量测定结果及电子显微镜下皮膜的结晶状态见表3-4。

皮膜附着量测定结果及电子显微镜下皮膜的结晶状态　　表3-4

倍数	原磷化处理液	新磷化处理液
SEM 500倍		

续上表

倍数	原磷化处理液	新磷化处理液
MS 200倍	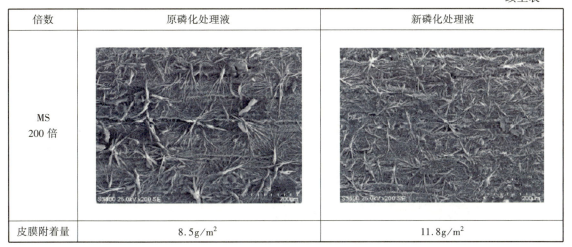	
皮膜附着量	8.5g/m²	11.8g/m²

根据计算盘条经拉拔后表面的皮膜残留率可以判断磷化皮膜的润滑效果。皮膜残留率越高,润滑效果越好,两种处理液拉拔前后皮膜对比见表3-5、表3-6。

原磷化处理液拉拔前后皮膜对比 表3-5

| 倍数 | 原磷化处理液 | |
	拉拔前	拉拔后
MS 200倍		
SEM 500倍		

续上表

倍数	原磷化处理液	
	拉拔前	拉拔后
SEM 200倍		
皮膜附着量	8.5g/m²	2.6g/m²
皮膜残留率	72.6%	

新磷化处理液拉拔前后皮膜对比　　　　　　　　表3-6

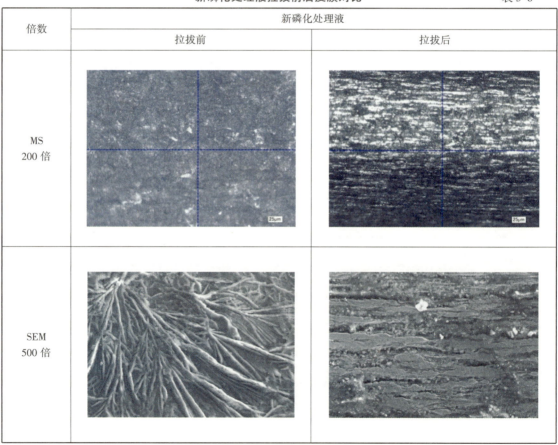

倍数	新磷化处理液	
	拉拔前	拉拔后
MS 200倍		
SEM 500倍		

续上表

倍数	新磷化处理液	
	拉拔前	拉拔后
SEM 200倍		
皮膜附着量	11.8g/m²	4.7g/m²
皮膜残留率	94.5%	

通过改进磷化处理液,使皮膜残留率从72.6%提高到94.5%,极大地提高了 ϕ6.0mm-2060MPa 钢丝用盘条的拉拔润滑效果,为保证高强钢丝的拉拔质量奠定了基础。为了验证采用新磷化处理液的磷化效果,采用两种磷化处理的盘条分别进行拉拔,拉拔道次及配模方案完全相同,对比拉拔过程中各道次电机的功率百分比和出模温度,结果见表3-7、表3-8。

拉拔过程中各道次电机功率百分比对比(单位:%)　　　　表3-7

道次	1	2	3	4	5	6	7	8
原处理液	62	80	78	75	70	65	62	56
新处理液	60	75	73	70	64	60	58	51

拉拔过程中各道次出模温度对比(单位:℃)　　　　表3-8

道次	1	2	3	4	5	6	7	8
原处理液	135	157	132	130	125	123	120	118
新处理液	130	155	128	127	122	120	118	116

从表3-7、表3-8中可以看出,采用新磷化处理液的盘条在拉拔过程中,各道次电机的功率均有所下降,平均下降4.6%;通过各道次的出模温度也有所下降,平均下降3℃。因此,新处理液形成的磷化皮膜具有更好的润滑效果,更适合于 ϕ6.0mm-2060MPa 级超高强度钢丝的拉拔。

3.2.2 ϕ6.0mm-2060MPa 钢丝拉拔技术研究

钢丝拉拔生产过程十分复杂,影响其拉拔状态的因素繁多,因此,需要对影响钢丝力学性能及表面残余应力的因素进行综合分析,选用对成品钢丝力学性能及残余应力有一定影响的拉拔参数作为优化模型的设计变量。这些拉拔参数主要包含拉丝模具结构参数(模具半锥角

及定径带长度)及拉拔工艺参数(压缩率、拉拔速度、摩擦因数及反拉力)。确定各设计变量取值范围时可参照以下规则进行选取:

(1)压缩率是钢丝拉拔成形的主要工艺参数。总变形量固定时,减小压缩率会使拉拔道次增加,钢丝抗拉强度下降,其塑性指标则有所上升。总变形量固定时增加压缩率拉拔道次降低,拉拔力增大,成品钢丝强度有所提高,而弯曲、扭转值有所降低。

(2)拉丝模的尺寸和结构决定了钢丝的残余应力水平。拉丝模工作区的模具锥角是导致钢丝发生塑性变形的主要因素;若工作锥角过小,则拉丝粉带入量较少,且钢丝与工作锥的接触面积增大,摩擦阻力变大;若工作锥角过大,则使钢丝截面上的应力不均匀性加重,变形不均匀程度增加,导致钢丝力学性能不均匀程度加大,残余应力增大,力学性能恶化。模具定径带长度具有使钢丝获得良好表面质量及尺寸精度的作用。若定径带过长,则会使摩擦力增大、温度升高影响从而模具寿命;若定径带过短,则会因过快磨损而影响成品钢丝的尺寸。

(3)冷却条件决定了拉拔效率。拉拔速度直接决定了冷拔钢丝的生产效率,拉拔速度越快,生产效率越高。但拉拔速度越快,对钢丝拉拔过程中的冷却要求也越高,另外拉拔速度对成品钢丝质量也有重要影响。拉拔速度过快时,钢丝拉拔产生的变形热积聚将明显影响到成品钢丝力学性能,使抗拉强度值升高,弯曲、扭转值下降。

(4)润滑条件是影响钢丝性能的一个主要参数。摩擦因数是润滑剂作用于拉拔过程的直观体现。理论上讲,摩擦因数越小对拉拔越有利,但在实际拉拔中难以实现,润滑剂在模壁的正压力下易于从钢丝表面剥落。润滑状态恶劣(即摩擦因数过大)时,钢丝在与模具之间的摩擦力作用下产生大量摩擦热,导致钢丝力学性能恶化,同时由于摩擦力的作钢丝表面也容易划伤,引起应力集中并断裂。

因此,要获得优良的综合机械性能的高强度热镀钢丝不仅需要性能优异的高碳钢盘条,而且还与钢丝的拉拔技术直接相关。影响钢丝拉拔性能的因素包括以下几个方面:①总压缩率;②部分压缩率的配置;③拉拔模具参数的影响;④拉拔过程冷却的影响。

1)钢丝拉拔压缩率的选择

钢丝的抗拉强度总是随着总压缩率的增大而升高,同时随着抗拉强度的增加,其屈服极限和弹性极限也增大,相应的钢丝延伸率和断面收缩率则减小。采用较大的总压缩率可以提高钢丝的抗拉强度,但是同时也要考虑较大的总压缩率会带来钢丝塑性和韧性的恶化。总压缩率的合理值应该是既能使钢丝强度极限达到合理值,又能得到较高的韧性。根据以往经验和相关理论调研,对于扭转次数要求较高的高碳钢钢丝,其总压缩率不得大于85%。

决定钢丝冷拉强度的主要工艺参数是总压缩率及盘条的原始强度,冷拉钢丝的强度可按如下经验公式计算:

$$\sigma_b = K \cdot \sigma_0 \sqrt{\frac{d_0}{d_k}} \tag{3-1}$$

式中:σ_b——拉拔后的光面钢丝强度,MPa;

σ_0——盘条原始强度,MPa;

K——系数(通常在 0.95~1.05 之间);

d_0——盘条直径,mm;

d_k——拉拔后光面钢丝的直径,mm。

对于 ϕ6.0mm-2060MPa 的热镀锌铝多元合金镀层钢丝,其拉拔后的光面钢丝直径为 5.9mm,总压缩率为 77.7%~83.4%,按照以上计算模型,应选用的盘条直径为 12.5~14.5mm,盘条的抗拉强度为 1350~1450MPa,拉拔后的钢丝的抗拉强度为 2100~2200MPa,$K \approx 1.02$。

对于拉拔工艺的模序设计,通常遵循以下工艺方式:第一道次和成品道次的拉拔选用较小的部分压缩率,中间从第二道次开始,第二道次选择最大的单道次压缩率,并且随后的道次逐步减小。以这种方式进行分配,对于拉拔后的成品钢丝的强度以及韧性有积极的影响,尤其是对于钢丝的断裂扭转值非常好。其根本原因是采用这种分配方式后,对成品钢丝拉拔过程较好,因为第一道次的部分压缩率比较小,可以使得钢丝的温度不至于太高,同时表面保留有良好的润滑层,不至于破坏自酸洗、涂层处理后留在钢丝表面的润滑层;而在第二道次,之所以选择使用最大的压缩率,是由于此时钢丝的塑性还比较好,因此给予最大的单道次压缩率,以充分利用钢丝的塑性,提高加工效率,也减小后道次的加工压力,后面随着拉拔的继续进行,由于钢丝的形变硬化,钢丝轻度越来越大,变形抗力也越来越大,因此后道次的压缩率需要根据道次的增加而逐步减小,这样就可以保证钢丝的加工困难不至于太大,也能保证拉拔过程的顺利进行,使得钢丝不仅能获得良好的机械性能,又可以降低拉拔的整个过程中所需要的能消耗。

本研究以 ϕ14.0mm 的盘条为原料,将盘条拉拔至 ϕ5.90mm,其总压缩率为 $Q = 82.2\%$。方案的不同之处为拉拔道次不同,决定了其平均道次压缩率和各道次钢丝直径等工艺参数的各不相同。

方案一:由 ϕ14.0mm 拉拔至 ϕ5.90mm 时,定为 8 道次拉拔,其平均压缩率为 19.4%,其部分压缩率分配如图 3-2 所示。

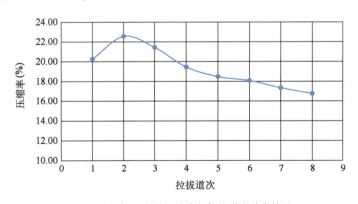

图 3-2 方案一:部分压缩率与拉拔道次分布情况

方案二:由 ϕ14.0mm 拉拔至 ϕ5.90mm 时,定为 9 道次拉拔,其平均压缩率为 17.4%,其部分压缩率分配如图 3-3 所示。

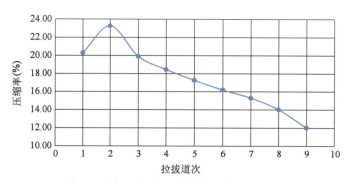

图3-3 方案二:部分压缩率与拉拔道次分布情况

对方案一生产的钢丝头尾进行力学性能检测,检测数据见表3-9。

第一方案中钢丝的力学性能检测数据 表3-9

序号	扭转(次)		抗拉强度(MPa)	
	头	尾	头	尾
1	23	13	2130	2128
2	15	25	2135	2133
3	22	10	2128	2137
4	12	11	2128	2120
5	24	14	2136	2125
6	20	27	2130	2119
7	14	18	2140	2124
8	18	21	2136	2130
9	9	17	2127	2129
10	20	22	2123	2122
最大值	24	27	2140	2137
最小值	9	10	2123	2119
平均值	17.8		2129	

对方案二生产的钢丝头尾进行力学性能检测,检测数据见表3-10。

第二方案中钢丝的力学性能检测数据 表3-10

序号	扭转(次)		抗拉强度(MPa)	
	头	尾	头	尾
1	25	26	2128	2131
2	26	28	2125	2129
3	24	29	2118	2136
4	23	26	2117	2125
5	26	25	2125	2130
6	27	27	2129	2122
7	28	25	2132	2111

续上表

序号	扭转(次)		抗拉强度(MPa)	
	头	尾	头	尾
8	26	24	2120	2104
9	23	27	2126	2100
10	22	28	2110	2109
最大值	28	29	2132	2136
最小值	22	24	2110	2100
平均值	25.8		2121	

不同平均道次压缩率对钢丝力学性能产生的影响见表3-11。

不同平均道次压缩率对钢丝力学性能产生的影响　　　表3-11

机型	总压缩率(%)	拉拔道次	扭转(次)	弯曲(次)	抗拉强度(MPa)
S1200/9	82.2	8	17.8	7.8	2129
S1200/9	82.2	9	25.8	9.4	2121
对比	—	—	↑8	↑1.6	↓8

通过以上表、图的对比可以看出,不同平均道次压缩率对钢丝扭转及弯曲次数和抗拉强度均产生影响:①钢丝的扭转值随着平均道次压缩率的减小呈现较大幅度的增加,平均压缩率降低2%,扭转次数上升8次。②在钢丝的扭转性能方面,平均道次压缩率的减小不但使扭转值离散减小,且扭转次数相对稳定。

对于桥梁缆索用 φ6.0mm-2060MPa 高强度热镀钢丝,应采取的拉拔道次为9道次,部分拉拔率在12%~23%之间可保证钢丝的综合性能。在拉拔变形过程中,考虑到钢丝盘条的形状、尺寸偏差及变形中的加工硬化,第一道变形量较小,第二道最大,以后道次逐渐减小,成品道次压缩率最小。压缩率按这种分配方式拉出的成品钢丝的强度及韧性的综合性能好,特别是钢丝的扭转值较大。

2) 拉丝模具参数设计

钢丝拉拔是通过锥形工具来实现的,目前多采用硬质合金钢。由于钢丝拉拔是使金属依照拉丝模锥形所规定的流线轨迹进行变形的,因此,锥形本身的形状和尺寸结构直接影响着钢丝的力学性能和拉丝模的使用。钢丝在变形时存在着与模具之间的摩擦,它主要有三种形式,即黏着磨损、磨料磨损、微动磨损。若单位时间的磨损过大,会造成定径带的孔形尺寸随拉拔时间的变化过快,其结果使钢丝通条机械性能不稳定,降低拉丝模的使用寿命,所以,拉丝模具几何尺寸对钢丝力学性能的影响因素主要是指工作锥角度、定径带长度。拉丝模的结构如图3-4所示。

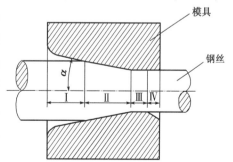

图3-4　拉丝模的结构
Ⅰ-入口区与润滑区;Ⅱ-工作区;
Ⅲ-定径区;Ⅳ-出口区

工作锥是模具孔型的重要组成部分,是钢丝拉拔产生塑性变形的区域。工作锥角度对于高强度热镀钢丝的拉拔质量及模子使用寿命直接相关。定径带的主要作用是控制钢丝尺寸的稳定性和表面粗糙度,同时它还影响到拉拔力的大小和模具的使用寿命。由于 $\phi 6.0 \text{mm}$-2060MPa 的钢丝碳含量较高,合金元素相对较多,模具锥角和定径带长度对钢丝的机械性能的影响更为复杂,需要进行专项研究。

(1) 拉丝模具锥半角对钢丝性能的影响。

模具工作锥角过大或过小均会使拉拔力增大,工作锥角度设置不合理,钢丝拉拔时中心所受轴向合力最大,最终有可能导致心部产生微裂纹,甚至拉断,而形成"笔尖状"断口。本书分别选用半角为 4°、5°、6° 的工作锥进行拉拔试验,分析其钢丝力学性能情况。

(2) 拉丝模具定径带长度对钢丝性能的影响。

拉丝模具定径带长度直接影响钢丝与模具的摩擦力、拉拔力等,从而影响钢丝的力学性能。本书分别选用不同的定径带长度进行试验,试验的拉拔总压缩率为 82.2%,部分压缩率为 12%~23%。拉丝模具的配置方案见表 3-12。

拉丝模具的配置方案　　　　　　　　　　　　　　　　　表 3-12

模具编号	1	2	3	4	5	6	7	8	9
锥半角度(°)	5	5	5	4	4	4	4	4	4
定径带长度1(mm)	6	6	6	5	5	4	3	3	3
定径带长度2(mm)	5	5	5	4	4	3	2	2	2
定径带长度3(mm)	4	4	4	3	3	2	1	1	1

由表 3-13 中数据可知:3 种不同定径带长度下的钢丝抗拉强度相差不大,由此可知定径带长短对钢丝的抗拉强度影响不是很大;方案 2 与方案 3 定径带长度的钢丝扭转值相当,但是由于方案 3 的定径带长度过短,钢丝直径偏大。另外,方案 1 的模孔定径带过长,使拉拔温度升高,模耗也相应增加,影响生产作业率和产品质量。方案 3 的模具定径带尺寸过短,钢丝的尺寸精度和表面质量略差,且定径带过短时拉丝模寿命低。

不同方案模具定径带方案拉拔出的钢丝的力学性能试验结果汇总　　　表 3-13

方案	直径(mm)	抗拉强度(MPa)	扭转(次)
1	6.00	2135	25
	6.01	2129	26
	6.00	2118	12
	6.00	2110	19
平均	6.00	2123	20.5
2	5.99	2110	25
	6.00	2119	27
	5.99	2121	26
	6.00	2120	24
平均	6.00	2118	25.5

续上表

方案	直径(mm)	抗拉强度(MPa)	扭转(次)
3	6.02	2127	27
	6.01	2129	26
	6.04	2119	26
	6.03	2120	24
平均	6.03	2124	25.8

综上所述,对于ϕ6.0mm-2060MPa钢丝,当定径带长度方案采用2方案时,其钢丝强度和扭转等综合性能最好。因此,对于ϕ6.0mm-2060MPa高强度钢丝拉丝,拉丝模具参数宜采用表3-14中的推荐参数。

ϕ6.0mm-2060MPa高强度钢丝拉丝模具推荐参数 表3-14

拉拔道次	1	2	3	4	5	6	7	8	9
模具锥半角(°)	5	5	5	4	4	4	4	4	4
模具定径带长度(mm)	5	5	5	4	4	3	2	2	2

3)拉拔新型冷却工艺

拉拔时对钢丝做的功中大约只有10%用于晶体结构的变形,即以加工硬化的方式储存于丝内部,其余90%的功全部转化为热量,而大部分热量被钢丝带走。在拉拔过程中钢丝断面的平均温度迅速升高,并在拉拔后由于钢丝的冷却而缓慢降低。而在拉拔过程中,钢丝表面温度迅速上升,然后从模子拉出后,几乎以同样快的速度降低到钢丝平均温度,此后冷却速度就与拉拔后钢丝的平均温度的降低速度相同。为了保证拉拔过程的顺利进行和拉拔产品质量,钢丝的平均温度不应超过最大值,即不许超过某一温度允许值,否则会引发时效硬化作用,使钢丝韧性低。根据测定,钢丝的应变时效脆化温度越高,其时效产生的时间的临界值越低。对于ϕ6.0mm-2060MPa的超高强度钢丝,由于盘条直径大、强度高、压缩率较大,在拉拔中更容易发热。

根据实测,在一般拉拔条件下,低碳钢丝每拉拔一道次,钢丝平均温度升高60~80℃,而高碳钢丝则达100~180℃。故在连续式拉丝机上拉拔,若不采取有效措施控制温度的升高,则经过多道次拉拔后,钢丝温度累积增加,会使模孔变形区内钢丝与模具间的温度上升到500~600℃。拉拔时所产生的热量虽然大部分被钢丝带走,但是,钢丝与模具表面接触处,由于热传导的作用,则有13%~28%的热量保留在模具之中。这些情况必然会给拉拔带来一些危害及影响。

(1)引起润滑剂的润滑失效。对于每一种润滑剂,在某一特定的温度界限内,拉拔温度升高,可以使润滑剂更好地吸附到钢丝表面的微隙中去,提升润滑作用效果,降低拉拔力,提高变形效率和安全系数,但是温度若超过这一界限值,就会引起润滑剂的化学分解和焦化,或使润滑膜破裂和消失,而使拉拔力急剧增大,摩擦因数也急剧升高,钢丝不均匀变形程度加剧,以致有拉断的危险。若拉拔温度超过170℃,则会发现润滑膜破裂和拉拔力的急剧增大。

(2)引起模具寿命缩短。拉拔时的发热有13%~28%热量累积在模具中,若不及时消除,有可能使模具温度很高,尽管模芯材料(通常用硬质合金)具有一定的红硬性(即约在500℃以下有较高的硬度),但模孔温度分布不均匀,变形区内局部会形成较高温度,由于模子的磨损大部分决定于拉拔时模子与钢丝接触面上的温度,因而局部高温易于磨损形成模孔磨损不均,影响拉丝模子使用寿命。此外,若大量的热量积存在模具中,则不仅会使模芯升温很高,还会使钢套升温显著。但由于硬质合金与钢套的膨胀系数相差较大,硬质合金的膨胀系数仅为钢套的1/2,从而使模芯在模套内有"松动"的可能,压合不够紧密,造成模芯易于破裂。

(3)引起钢丝表面质量下降。拉拔时的发热,造成钢丝表面温度急剧升高,并且总是高于钢丝中心温度部分,因而形成残余应力。在高速拉拔时,若润滑不良,往往会产生很大的残余应力,从而引起钢丝表面产生裂纹,导致扭转性能下降。

(4)引起钢丝的应变时效。钢丝拉拔过程中,由于变形做功和摩擦做功产生的热使钢丝自身温度升高,通常可使钢丝温度高达200℃左右,因而造成强度增大、塑性下降、拉拔脆断、扭转开裂和变形不均匀,这一现象被称为应变时效,它可以用"位错塞积"加以解释。金属晶体的理想状态应该是原子有序而规则的排列,但实际上受加工过程的影响,金属中原子的排列并不规则,一般存在着点、线、面缺陷,其中线缺陷(位错)对钢丝拉拔和扭转的影响较大。钢丝拉拔横截面积减小,长度伸长形成塑性变形,势必造成位错滑移,且随变形量的增加,钢丝发热量增大,钢中碳、氮原子激活,能量增加,产生热扩散,至位错中心,塞积位错空位,形成溶质原子团,钉扎位错使位错不易滑移,反映在宏观上是金属塑性变差,而实质上就是所说的失效。据金属学理论和有关资料的研究结果,可将失效分为3个阶段:

①约在150℃以下,α铁中过饱和的微量碳、氮原子向位错中心移动而造成时效应变,此阶段对钢丝性能影响不明显。

②在150℃以上(200~240℃)时,不仅溶质原子跑到位错中心,而且也有部分渗碳体在较高的温度下被分解,析出的碳原子在位错处偏聚,使位错更加稳定,此时钢丝的强度增加,韧性显著下降。

③在240℃以上,此时,位错中心析出细小的碳化物,同时碳、氮原子受热,能量增加,跑出位错中心,因此,第三阶段时效使钢丝延伸有回复的倾向,但断面收缩率几乎没有恢复。

基于以上金属学机理,本书针对φ6.0mm-2060MPa的超高强度钢丝拉拔后的冷却方式进行了研究,使碳含量达到0.90%以上的高碳钢丝出模孔后的平均温度迅速降低到150℃以下,以避免拉拔发热对钢丝质量的影响。钢丝拉拔冷却示意图如图3-5所示。

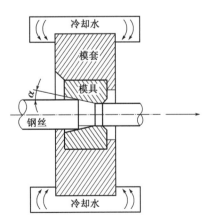

图3-5 钢丝拉拔冷却示意图

本书选用的原料为 $\phi14.00mm$ 的高碳钢钢盘条,拉拔道次为 9 道,拉拔后得钢丝的直径为 5.90mm,拉拔的部分平均压缩率为 17.4%。根据以上钢丝拉拔工艺,设定了 2 种不同的试验条件,以得出不同冷却条件下钢丝机械性能指标,确定合适的冷却工艺。试验条件如下:

方案 1:拉丝卷筒循环冷却水,拉丝模循环水冷却,出模处钢丝自然冷却。

方案 2:拉丝卷筒循环冷却水,拉丝模循环水冷却,出模处钢丝喷水冷却。

两种试验条件下,方案 1 钢丝出模温度较高,表面容易产生缺陷,主要形态为鱼鳞状细纹;方案 2 由于出模处采用水冷却,钢丝温度在较短时间内降至 150℃ 以下,未见钢丝表面形态异常。两种试验条件下的试验结果见表 3-15。每种试验条件取 5 组数值,每组 30 个数据,表中所列数值为其平均值。

两种冷却条件对钢丝机械性能的影响 表 3-15

方案	组 号	抗拉强度(MPa)	扭转(次)
1	1	2145	17
	2	2139	18
	3	2133	16
	4	2129	17
	5	2136	15
2	1	2130	24
	2	2134	25
	3	2128	24
	4	2130	26
	5	2128	24

由上表中可以看出,方案 2 的结果比方案 1 好。尤其是钢丝的扭转次数增加幅度较大,抗拉强度略有降低。这主要是由于方案 2 试验条件冷却措施好,迅速降低了钢丝出模孔后的温度,使钢丝进入下一步模孔的温度在 160℃ 以下,克服了时效硬化作用的影响。产生这些现象的理论解释如下:当钢丝的拉拔后温度介于 230～370℃ 之间时,存在着"兰脆"温度区域,使拉拔的钢丝呈现强度高而塑性、韧性下降的现象。其重要的原因就是由于某些夹杂物(如 Fe_3O_4)在这个温度区域内沉淀,渗入晶粒内部和晶界的结果。

研究结论如下:①高碳钢丝在拉拔过程中,需要控制好卷筒和模具的冷却,避免钢丝处于"兰脆"温度区域。②对于 $\phi6.0mm$-2060MPa 高强度钢丝,采用拉丝卷筒循环水冷却 + 拉丝模循环水冷却 + 出模处钢丝水冷却的方式,能得到较好的钢丝扭转和弯曲性能指标,同时钢丝的平均强度有所降低,有利于提高钢丝的塑韧性。③该冷却方式不但对提高钢丝的性能有好处,还能降低模具消耗,提高有效作业率。

对于桥梁缆索用 $\phi6.0mm$-2060MPa 的超高强度钢丝,拉拔总压缩率设置在 75%～85% 之间,拉拔道次为 9 次,平均拉拔率在 12%～23% 之间,拉拔模具锥半角在 4°～5° 之间,拉拔定径带长度在 2～5mm 之间可保证钢丝的综合性能。

3.2.3 φ6.0mm-2060MPa 锌-10%铝-稀土合金镀层钢丝热镀技术研究

悬索桥主缆用 φ6.0mm-2060MPa 锌-10%铝-稀土合金镀层钢丝的关键是制定合理的热镀工艺,在保证镀层各项性能指标满足设计要求的前提下,使得镀层的耐腐蚀性能达到热镀锌钢丝的 3 倍以上,同时钢丝综合力学性能不得降低。

1) 热镀工艺概述

热浸镀工艺是指在加热至一定温度的镀层熔液中浸入预处理过的钢铁,经过一定的时间后,将钢件样品取出立即冷却,在其表面出现有一金属光泽并且具有优良耐蚀性的镀层的工艺。目前桥梁缆索用热镀锌钢丝均采用溶剂法,该方法是将清洗后的光面钢丝经过助镀剂溶液(为 NH_4Cl 或 NH_4Cl 与 $ZnCl_2$ 的混合物),使钢丝表面预先黏附一层含有 $ZnCl_2$ 和 NH_4Cl 的混合溶液,然后直接进行热镀,即"单镀法"。该方法的优点在于使钢丝表面具有活性作用及润湿能力(即降低表面张力),使锌液能很好地附着于钢丝表面,并顺利地进行合金化过程。

但对于桥梁缆索用锌-10%铝-稀土合金镀层钢丝,如果采用传统的直接热镀工艺,合金熔液中的 Al 易与以上助镀剂发生反应:$2Al + 3ZnCl_2 = 2AlCl_3\uparrow + 3Zn$,生成的 $AlCl_3$ 又可以与助镀剂中的 NH_4Cl 反应得到 $AlCl_3 \cdot NH_3$,由于 $AlCl_3$ 与 $AlCl_3 \cdot NH_3$ 沸点都低于热浸镀温度,在热镀过程中容易发生气化产生大量气体,使钢丝表面出现漏镀,影响产品质量。

本书采用"双镀法"进行锌-10%铝-稀土合金镀层钢丝的热镀,其工艺流程具体如下:放线→前处理→热浸镀 Zn→抹拭→冷却→热浸镀 Zn-10%Al-Re→抹拭→冷却→收线。钢丝在热镀 Zn-10%Al-Re 合金前,表面已形成了一层 Fe-Zn 合金层,增强了镀层与钢丝基体的结合力,同时有利于一定厚度 Zn-10%Al-Re 合金镀层的生成,避免发生漏镀等现象。通过采用"双镀法"工艺生产锌-10%铝-稀土合金镀层钢丝,可避免钢丝在热镀过程中产生漏镀、锌瘤等现象,保证了钢丝镀层厚度和表面质量。

2) 双镀法工艺制定

钢丝在热镀过程中,热镀线速(即热镀时间)和温度是影响镀层的重要因素。热镀线速和温度直接影响了第一步热镀锌过程中 Fe-Zn 合金层生成的厚度,从而影响钢丝镀层的相关性能。此外,在第二步浸镀 Zn-Al 合金熔液时,由于 Al 的加入,Fe-Zn 合金层将进一步生成 Fe-Al 二元合金相和 Fe-Al-Zn 三元合金相,其表面黏附的 Zn-Al 合金熔液随着走线速度的快慢,将直接影响钢丝镀层的整体厚度,即单位面积上的镀层重量。

(1) 走线速度的确定。

由于锌-10%铝-稀土合金镀层中铝含量的提高以及稀土元素的加入,导致合金熔液的流动性大大提高,在热镀过程中,镀层熔液以较快的速度流回热镀锅,导致钢丝上残留的镀层厚度变小(单位面积上的镀层重量降低)。为了确保镀层厚度,需要提高热镀的走线速度,另外,走线速度过高也会由于钢丝表面处理不干净,导致钢丝漏镀。为确定适合锌-10%铝-稀土合金镀层钢丝的热镀走线速度,选择直径为 6.0mm 的钢丝在不同走线速度下进行热镀试验,以确定合适的走线速度,具体试验情况见表3-16。

6.0mm 钢丝在不同走线速度下的镀层质量检测情况　　　表3-16

质量	热镀走线速度				
	15m/min	20m/min	25m/min	30m/min	35m/min
镀层质量 (g/m^2)	250	316	376	375	459
	265	320	380	386	475
	268	300	369	398	438
	267	298	361	403	449
	276	325	373	384	437
	243	322	359	395	442
	244	319	355	381	458
	250	328	360	399	452
	280	330	378	410	444
	273	329	389	387	451
平均值(g/m^2)	262	319	370	392	451
备注	35m/min 速度下钢丝由于表面清洗不干净,出现漏镀				

综上所述,根据本项目锌-10%铝-稀土合金镀层钢丝的技术要求,需将镀层质量控制在 280~400g/m^2 之间,热镀走线速度控制在 20~30m/min 之间。

(2)热镀温度的确定。

锌-10%铝-稀土合金镀层采用双镀法工艺,首先在助镀后的钢丝表面形成一层 Fe-Zn 合金层,避免铝与助镀剂的反应;其次再将镀纯锌后的钢丝浸入锌-10%铝-稀土合金熔液中,使得纯锌层熔解,再形成锌-10%铝-稀土合金镀层。为了得到塑性更好的纯锌层和锌-10%铝-稀土合金镀层,在实际工业生产当中,应制定合理的热镀温度工艺参数来减少脆性的锌铁合金厚度并增加纯锌层、锌-10%铝-稀土合金层等韧性层的厚度。同时尽可能降低热镀温度,以降低温度对钢丝力学性能的影响,确保成品钢丝的力学性能。

结合上述锌-10%铝-稀土合金镀层走线速度确定,双镀法中热镀锌工艺温度范围确定为 440~470℃,热镀锌-10%铝-稀土合金的工艺温度范围确定为 430~460℃。

3)新型复合热镀前处理工艺研究

钢丝热镀前表面由于拉拔加工、储运过程中容易生成或附着异物,如拉丝润滑粉、氧化皮、油污、灰尘等,因而不能直接进行热镀,需要做适当的表面处理。对于本项目开发的桥梁缆索用锌-10%铝-稀土合金镀层钢丝,由于铝含量的提高进一步增加了合金熔液的流动性,需要更快的走线速度来保证钢丝镀层质量。确保高速走线条件下的镀前处理质量,是保证锌-10%铝-稀土合金镀层镀层质量的一个关键。

本项目提出了新型复合镀前处理工艺,其流程为:超声波碱洗→铅浴脱脂→溢流水洗→溢流酸洗→溢流水洗→溶剂助镀处理。以上镀前处理中,超声波碱洗和铅浴脱脂的目的是去除钢基表面的润滑粉;酸洗可以去除氧化铁等氧化物,并减小钢基表面粗糙度以增加浸润性,然后进行溶剂助镀处理,助镀剂处理可以清洗、溶解掉钢基表面酸洗后与空气、水接触产生的氧化层,从而保持钢铁表面洁净与活性,使钢基与镀层间有较好的结合力。

本项目采用的溶剂助镀液的主要成分为氯化锌和氯化铵,经过水溶剂处理后的钢丝表面附着了一层助镀溶剂,经过干燥后进行热浸镀,其主要作用如下:

(1)清洁钢丝表面,去除酸洗后钢丝表面上的一些铁盐、氧化物及其他脏物;

(2)净化钢丝浸入锌液处的液相锌,使钢丝与液态锌快速浸润并反应;

(3)在钢丝表面沉积一层盐膜,可以将钢丝表面与空气隔离,防止进一步微氧化;

(4)使钢丝表面具有活性作用及润湿能力(即降低表面张力),使锌液能很好地附着于钢丝表面,并顺利地进行合金化过程。

该工艺方案的实施,能够使锌-10%铝-稀土合金镀层钢丝在较高的热镀走线速度下,确保光面钢丝的表面质量满足热浸镀要求,保证钢丝镀层质量。

4)新型复合抹拭工艺研究

对于本项目开发的ϕ6.0mm-2060MPa 锌-10%铝-稀土合金镀层钢丝,铝含量的提高进一步增加了合金熔液的流动性,且走线速度较快。传统的油木炭抹拭适用于走线速度不超过20m/min的热镀工艺,无法满足锌-10%铝-稀土合金镀层钢丝高速走线要求。如何选择高速走线条件下的抹拭工艺是确保镀层质量的关键,主要问题有:①如何保证第一步热镀锌在高速走线条件下钢丝的上锌量满足合金里铝含量平衡控制要求;②如何保证第二步热镀锌铝合金在高速走线条件下镀层表面质量和均匀性。

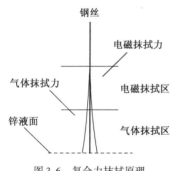

图3-6 复合力抹拭原理

针对以上问题,开发出了新型的复合抹拭技术。对于第一道,采用强电磁+氮气抹拭;第二道是利用氮气抹拭技术,对钢丝镀层进行无接触抹拭。通过调整磁场强度、气体流量及其温度,可以精确控制钢丝表面上锌量及光洁度,以达到抹拭的目的。复合力抹拭原理如图3-6所示。

其中,电磁抹拭力主要是由电磁感应产生的。钢丝穿过液态金属后,表面附着一层熔融金属,取这层熔融金属的一段作为闭合回路,它随着钢丝进入交变磁场。当穿过闭合回路的磁通量发生变化时,回路中有感生电流产生,同时要受到磁场的排斥作用力,该作用力方向与钢丝的运动方向相反。磁场力把钢丝上熔融的金属镀层从磁通密度大的部位向磁通密度小的部位排斥,将熔融的一部分金属带回金属液中,从而达到控制锌层厚度的目的。在以上基础上,增加气体抹拭以有效减轻电磁抹拭力负担,降低操作难度。同时针对热镀锌-10%铝-稀土合金,使具有一定压力的氮气通过产生高速气流,将钢丝表面多余的合金熔液吹抹下来,以得到光亮均匀的镀层表面。

通过工艺研究,针对ϕ6.0mm-2060MPa 锌-10%铝-稀土合金镀层钢丝,本项目制定了新型的复合抹拭工艺,第一步热镀锌宜采用强电磁复合力抹拭,控制上锌量;第二步采用氮气抹拭,以获得光滑、均匀、致密的锌铝合金镀层。

3.2.4 φ6.0mm-2060MPa 锌-10%铝-稀土合金镀层钢丝试制及检测

通过以上对 φ6.0mm-2060MPa 锌-10%铝-稀土合金镀层钢丝生产工艺全过程的技术开发研究,开展了多轮小批量钢丝试制并进行钢丝镀层质量、常规性能(包括拉伸试验、扭转试验、缠绕试验、弯曲试验)试验和抗盐雾腐蚀等全性能试验检测。

1)镀层质量检验

(1)镀层表面质量检验。

根据《桥梁缆索用热镀锌或锌铝合金钢丝》(GB/T 17101—2019),镀层的表面质量采用肉眼直接观察,包括其光洁度、均匀性、宏观附着性等指标。被评定为高质量镀层的热浸镀产品一般都满足光泽度好、均匀致密、宏观结合力好等要求,如镀层表面出现漏镀、结瘤、气泡、麻点、针孔、开裂、脱落、毛刺、黑斑和色泽灰暗等常见缺陷,均为不合格产品。经过目测检验,试制的 φ6.0mm-2060MPa 锌-10%铝-稀土合金镀层钢丝均没有发现漏镀、针孔、结瘤等问题,表面质量均满足要求(图3-7)。

图3-7 φ6.0mm-2060MPa 锌-10%铝-稀土合金镀层钢丝表面

(2)镀层质量检测。

针对试制的 φ6.0mm-2060MPa 锌-10%铝-稀土合金镀层钢丝,采用《钢产品镀锌层质量试验方法》(GB/T 1839—2008)规定的方法检测单位面积上的镀层质量,实测结果为 292~345g/m²,满足技术要求,检测结果具体见表3-17。

φ6.0mm-2060MPa 锌-10％铝-稀土合金镀层钢丝单位面积上的镀层质量检测结果 表 3-17

技术要求的镀层质量:280~400g/m²			
最大值	345	平均值	323g/m²
最小值	292	标准差	15.47

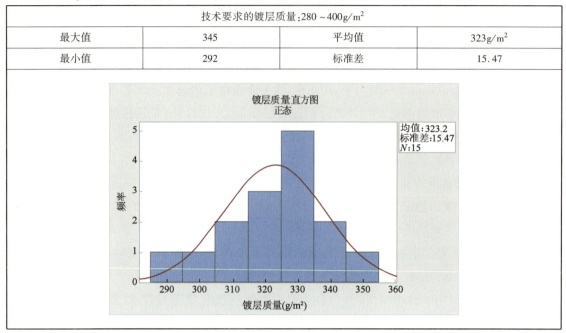

(3)镀层均匀性检测。

针对试制的 φ6.0mm-2060MPa 锌-10％铝-稀土合金镀层钢丝,采用《镀锌钢丝锌层硫酸铜试验方法》(GB/T 2972—2016)规定的硫酸铜试验方法检测钢丝镀层均匀性,其镀层均匀性均满足技术要求。检测过程及结果具体见表 3-18。

φ6.0mm-2060MPa 锌-10％铝-稀土合金镀层钢丝镀层均匀性检测结果 表 3-18

硫酸铜试验:≥2 次,每次浸渍 45s			
最大值	4 次	平均值	3.3 次
最小值	2 次	标准差	0.59

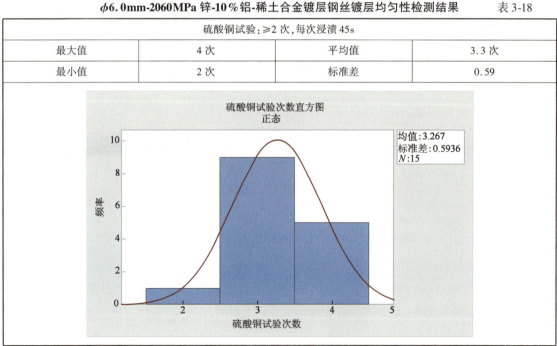

φ6.0mm-2060MPa 锌-10％铝-稀土合金镀层钢丝硫酸铜试验检测过程如图3-8所示。

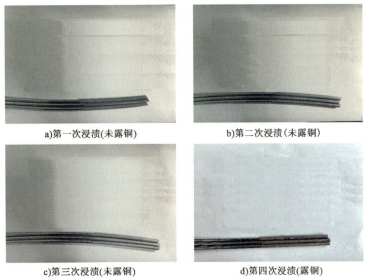

图3-8 φ6.0mm-2060MPa 锌-10％铝-稀土合金镀层钢丝硫酸铜试验检测过程

（4）镀层偏心检测。

为检测钢丝镀层偏心程度，采用扫描电子显微镜（SEM）对钢丝镀层形貌进行观察，对试制的锌-10％铝-稀土合金镀层钢丝横截面的0°、90°、180°及270°四个方向进行镀层厚度测量，如图3-9所示；并与镀锌钢丝进行了比较，经检测分析可知，试制的锌-10％铝-稀土合金镀层偏心度较小，镀层均匀性较好，且镀层均匀致密，具体结果见表3-19。

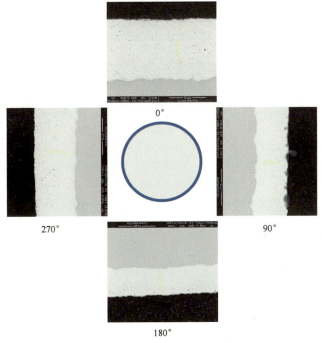

图3-9 热镀锌钢丝镀层偏心检测

锌-10%铝-稀土合金镀层与纯锌镀层的偏心度比较　　　表 3-19

镀 层 种 类	试样编号	镀层厚度（μm）				偏心度（μm）
		0°	90°	180°	270°	
锌-10%铝-稀土合金	1	50.71	54.90	51.73	49.10	5.8
	2	48.83	53.47	47.98	45.23	8.24
	3	52.69	51.38	42.57	48.64	10.12
锌	1	82.04	42.86	35.72	57.27	46.32
	2	65.24	54.39	44.75	51.12	20.49
	3	42.38	55.09	63.43	58.25	21.05

（5）镀层附着性检测。

桥梁缆索用热镀钢丝的镀层附着性是镀层性能的一项重要指标，它直接影响了钢丝在后期制索及架设过程中镀层的完整性。热镀锌铝合金镀层的主要目的是提高钢丝的环境耐受能力。锌铝合金是阳极性镀层，在腐蚀环境中将先于钢铁基体而发生腐蚀，如果钢丝表面镀层脱落，由于环境的侵蚀作用，露底处的钢铁阴极的面积较小，与锌铝合金镀层组成小阴极、大阳极形式的腐蚀原电池。在一定的环境条件作用下，该阴极表面发生析氢反应，将使超高强度钢产生氢脆、应力腐蚀等破坏性损伤。提高锌铝合金镀层的抗磨损能力，可以有效防止发生这种腐蚀损伤。为了掌握锌-10%铝-稀土合金镀层与钢丝基体的牢固性，本项目对缠绕试验后的钢丝进行了镀层状况的微观观察，以检验镀层的韧性。

镀层附着性一般采用 5D 缠绕试验，为检验镀层附着牢固性和缠绕后的表面状态，本研究采用直径为 2.5D 的芯棒分别对纯锌镀层、锌-5%铝-稀土合金镀层及锌-10%铝-稀土合金钢丝进行附着性试验，缠绕圈数为 8 圈，然后分别在 30 倍、100 倍的电子放大镜下观察镀层的表面状况，结果如图 3-10 所示。

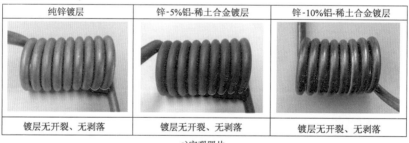

图　3-10

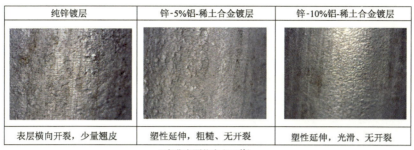

c) 弯曲表面状态(100倍)

图 3-10　钢丝镀层附着力检测对比

以上观察结果表明,锌-10%铝-稀土合金镀层与钢基体的结合力较好,且镀层韧性和附着性更好,在悬索桥主缆索股的制作、放索和架设中其镀层抗损伤能力更强。

(6) 镀层铝含量检测。

针对试制的锌-10%铝-稀土合金镀层钢丝,采用《锌及锌合金化学分析方法　第1部分:铝量的测定》(GB/T 12689.1—2010)规定的试验方法检测钢丝镀层铝含量,其镀层铝含量均满足技术要求。检测结果见表3-20。

ϕ6.0mm-2060MPa 锌-10%铝-稀土合金镀层钢丝镀层铝含量检测结果　表 3-20

技术要求镀层铝含量:9.0%～14.5%			
最大值	11.20	平均值	10.52
最小值	9.60	标准差	0.46

2) 镀层 SEM(扫描电子显微镜)形貌观察及 EDS(能谱仪)线分析

(1) 纯锌镀层 SEM 形貌观察及 EDS 线分析。

如图 3-11 所示,EDS 分析结果显示,镀层金属元素主要以 Zn、Fe 为主,金属元素分布总体均匀,符合热镀锌元素分布规律。在镀层外侧区域,镀层元素主要以 Zn 元素为主,兼含有微量 Fe 元素,表明该区域主要为纯 Zn。在镀层邻近基体区域,Zn 含量急剧减少,Fe 含量明显增加,表明该区域存在大量 Fe-Zn 相,该合金相主要为 $FeZn_7$ 和 $FeZn_{13}$。在镀层与基体的过渡区域,Zn 含量急剧减少,Fe 含量明显增加,表明 Zn 向基体方向的迁移扩散受到抑制。在镀层的中间区域,Fe 含量缓慢增加,表明该区域存在少量的 Fe-Zn 相,该合金组织主要为 $FeZn_{13}$。

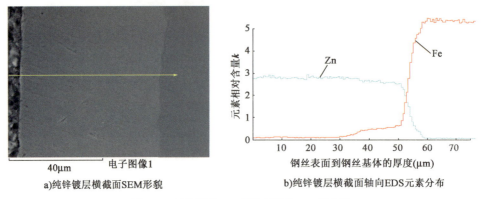

a)纯锌镀层横截面SEM形貌 b)纯锌镀层横截面轴向EDS元素分布

图 3-11　纯锌镀层 SEM 形貌观察及 EDS 线分析

(2)锌-5%铝-稀土合金镀层 SEM 形貌观察及 EDS 线分析。

图 3-12a)左侧为制样辅料,右侧为钢丝基体,中间为锌-5%铝-稀土合金镀层,可知镀层与基体的结合较好,未见夹杂、缝隙等缺陷。图 3-12b)显示镀层金属元素主要以 Zn 和 Al 为主,元素符合热镀锌铝合金的分布规律。在镀层外侧区域,镀层元素主要以 Zn 和 Al 元素为主,兼有微量 Fe 元素,表明该区域主要为 Zn-Al 相,可知该合金相主要为 Zn-Al 固溶体和 Zn-Al 共晶相。镀层近基体区域的 Zn 含量快速降低,Al 和 Fe 含量明显增加,表明该区域除有 Zn-Al 的共晶相与固溶体相外,可能还有 Al 与 Fe 的合金相存在,该合金相主要为 $FeAl_3$ 或 Fe_2Al_5。在镀层与基体的过渡区域,Al 含量上升,Zn 含量下降且低于 Al 含量,表明在该区域 Zn 向基体内侧方向的扩散受到了抑制。

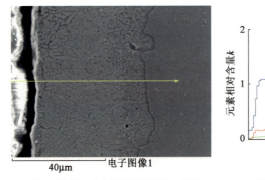
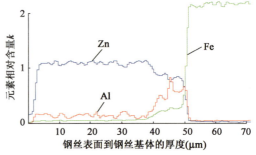

a)锌-5%铝-稀土合金镀层横截面SEM形貌　b)锌-5%铝-稀土合金镀层横截面轴向EDS元素分布

图 3-12　锌-5%铝-稀土合金镀层 SEM 形貌观察及 EDS 线分析

(3)锌-10%铝-稀土合金镀层 SEM 形貌观察及 EDS 线分析。

由图 3-13a)可知镀层与基体的结合较好,未见夹杂、缝隙等缺陷。图 3-13b)元素成分变化规律总体与锌-5%铝-稀土合金镀层相似,但由于 Al 含量较高,该镀层中 Zn-Al 共晶相比例更大,预示锌-10%铝-稀土合金镀层具有更好的耐蚀性能。

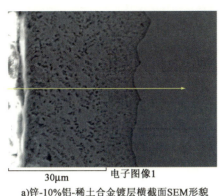
a) 锌-10%铝-稀土合金镀层横截面SEM形貌

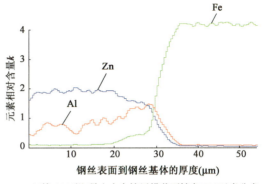
b) 锌-10%铝-稀土合金镀层横截面轴向EDS元素分布

图 3-13　锌-10%铝-稀土合金镀层 SEM 形貌观察及 EDS 线分析

综上所述,锌-10%铝-稀土合金镀层与基体结合较好,无夹杂、缝隙等缺陷,且由于其 Zn-Al 共晶相比例较锌-5%铝-稀土合金镀层更大,因此具有更好的耐蚀性能。

3) 锌-10%铝-稀土合金镀层钢丝常规性能检测

如图 3-14 所示,通过对研究试制的 15 件锌-10%铝-稀土合金镀层钢丝试样的直径、圆度、抗拉强度、屈服强度、延伸率、弹性模量、扭转、反复弯曲、缠绕和直线性(自由翘头高度、矢高)等进行逐盘检测:抗拉强度范围为 2085～2139MPa,弹性模量范围为 $(2.01～2.05)\times10^5$MPa,扭转次数范围为 26～33 次,反复弯曲次数范围为 7～10 次,其余指标均满足技术要求。

锌-10%铝-稀土合金镀层钢丝性能检测结果见表 3-21、表 3-22。

a) 拉伸试验试样

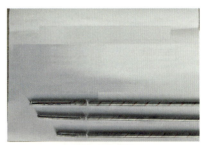
b) 扭转试验试样

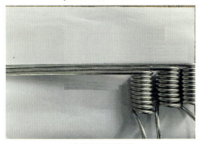
c) 缠绕试验试样

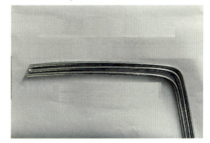
d) 反复弯曲试验试样

图 3-14　锌-10%铝-稀土合金镀层钢丝常规性能检测试样

φ6.0mm-2060MPa 锌-10％铝-稀土合金镀层钢丝性能检测结果（一）　　表 3-21

钢丝编号	直径（mm）	圆度（mm）	抗拉强度（MPa）	屈服强度（MPa）	弹性模量（×10⁵MPa）	伸长率（％）
1	6.01	0.00	2133	1978	2.02	5.5
2	6.00	0.01	2112	1960	2.05	5
3	6.00	0.01	2131	1967	2.03	6
4	6.02	0.00	2099	1969	2.03	5
5	6.02	0.00	2112	1969	2.02	5
6	5.99	0.01	2139	1972	2.02	5
7	6.03	0.00	2122	1950	2.01	5.5
8	5.98	0.00	2102	1962	2.02	5
9	6.04	0.03	2120	1950	2.02	5.5
10	6.01	0.01	2085	1959	2.03	5
11	6.03	0.00	2112	1963	2.04	5
12	5.99	0.02	2098	1966	2.01	6
13	6.02	0.01	2119	1977	2.02	5.5
14	6.01	0.00	2115	1974	2.03	5
15	5.99	0.01	2114	1965	2.01	5

φ6.0mm-2060MPa 锌-10％铝-稀土合金镀层钢丝性能检测结果（二）　　表 3-22

钢丝编号	直径（mm）	扭转（次）	弯曲（次）	缠绕（3D×8 圈）	矢高（mm）	翘高（mm）
1	6.01	32	9	合格	11	0
2	6.00	30	8	合格	10	0
3	6.00	31	7	合格	12	1
4	6.02	33	8	合格	10	2
5	6.02	27	8	合格	13	0
6	5.99	32	9	合格	12	3
7	6.03	31	9	合格	10	2
8	5.98	33	9	合格	12	0
9	6.04	28	8	合格	11	0
10	6.01	32	7	合格	10	2
11	6.03	30	9	合格	11	0
12	5.99	32	9	合格	12	0
13	6.02	26	7	合格	12	0
14	6.01	31	10	合格	14	1
15	5.99	29	8	合格	11	0

4）锌-10%铝-稀土合金镀层钢丝疲劳性能试验检测

为了验证试制的 $\phi 6.0$mm-2060MPa 锌-10%铝-稀土合金镀层钢丝的单丝疲劳性能，在应力上限分别为 $0.45\sigma_b$ 和 $0.50\sigma_b$ 的条件下，分别取 410MPa 和 460MPa 应力幅进行循环加载 200 万次。试验结果如下：试验钢丝均未断裂，试制的 $\phi 6.0$mm-2060MPa 锌-10%铝-稀土合金镀层钢丝的单丝疲劳性能满足研究目标要求。试验结果见表 3-23。

$\phi 6.0$mm-2060MPa 锌-10%铝-稀土合金镀层钢丝单丝疲劳试验结果　　表 3-23

组号	试样编号	试验要求	试验结果
一	1	应力上限取 45% 抗拉强度，应力幅值 410MPa，200 万次不断裂	200 万次未断裂
一	2		200 万次未断裂
一	3		200 万次未断裂
二	1	应力上限取 45% 抗拉强度，应力幅值 460MPa，200 万次不断裂	200 万次未断裂
二	2		200 万次未断裂
二	3		200 万次未断裂
三	1	应力上限取 50% 抗拉强度，应力幅值 460MPa，200 万次不断裂	200 万次未断裂
三	2		200 万次未断裂
三	3		200 万次未断裂

锌-10%铝-稀土合金镀层钢丝疲劳试验如图 3-15 所示。

图 3-15　锌-10%铝-稀土合金镀层钢丝疲劳试验

5）锌-10%铝-稀土合金镀层抗腐蚀性能试验

《人造气氛腐蚀试验　盐雾试验》（GB/T 10125—2012）中对于试验结果评价，一般采用观察试验后的外观、记录开始出现腐蚀的时间、测量质量变化等方法。根据目前最为常用的金属镀层耐腐蚀性能的评价方法可以分为三大类：重量法、表面观察法和电化学测试法。本书将采用以上三种方法对锌-10%铝-稀土合金镀层钢丝、锌-5%铝-稀土合金镀层钢丝及热镀锌钢丝进行抗腐蚀能力对比试验分析研究。

(1)锌-10%铝-稀土合金镀层中性盐雾腐蚀失重速率对比试验。

为了验证锌-10%铝-稀土合金镀层钢丝的抗腐蚀性能,委托第三方检测单位——中国钢研科技集团有限公司先进金属材料涂镀国家工程实验室进行了中性盐雾试验(NSS),对比了纯锌镀层、锌-5%铝-稀土合金镀层及锌-10%铝-稀土合金镀层的失重速率。三件试样线切割等长200mm后,封头后试验,试验标准采用《人造气氛腐蚀试验 盐雾试验》(GB/T 10125—2012)和《金属和合金的腐蚀试样上腐蚀产物的清除》(GB/T 16545—2015)。

三种镀层钢丝对比试样的检测指标见表3-24。

三种镀层钢丝对比试样的检测指标 表3-24

序号	项目	单位	锌	锌-5%铝-稀土合金	锌-10%铝-稀土合金
1	公称直径	mm	6.01	6.01	6.01
2	钢丝圆度	mm	0.01	0.00	0.00
3	标准抗拉强度	MPa	2123	2134	2128
4	规定塑性延伸强度	MPa	1978	1985	1970
5	弹性模量	MPa	2.03×10^5	2.04×10^5	2.03×10^5
6	伸长率	%	6.0	5.5	6.0
7	扭转性能	次	30	29	31
8	缠绕	圈	$3D \times 8$ 圈未断裂	$3D \times 8$ 圈未断裂	$3D \times 8$ 圈未断裂
9	反复弯曲	次	8	9	9
10	松弛率	%	2.3	2.0	2.1
11	疲劳性能	—	200万次未断裂	200万次未断裂	200万次未断裂
12	镀层中的铝含量	%	—	5.2	9.5
13	镀层单位面积质量	g/m²	331	329	322
14	硫酸铜试验	次/45s	4	4	3
15	镀层附着性	圈	$5D \times 8$ 圈未剥落	$5D \times 8$ 圈未剥落	$5D \times 8$ 圈未剥落
16	自然矢高	mm	15	14	12
17	自然翘高	mm	0	1	0
18	表面质量	—	良好	良好	良好

试验结论:锌-10%铝-稀土合金镀层的耐中性盐雾腐蚀性能是热镀锌钢丝的3倍以上,具体试验检测结果见表3-25、图3-16。

三种镀层钢丝盐雾试验结果 表3-25

试样编号	试样铝含量(wt%)	试验时间失重(g)		
		240h	480h	720h
1	0.0	70.85	122.71	162.57
2	5.2	28.35	48.02	65.59
3	9.5	13.25	21.41	29.27

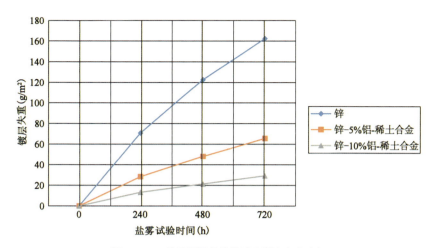

图3-16 三种镀层钢丝盐雾试验腐蚀速度对比

（2）锌-10%铝-稀土合金镀层钢丝中性加速盐雾腐蚀表面观察对比试验。

本试验是将锌-10%铝-稀土合金镀层钢丝以及纯锌钢丝两种材料放在同一盐雾试验箱中，定期开箱检查钢丝试样的表面腐蚀情况，并进行记录，对比腐蚀特征点出现的时间，通过时间对比，评价两种镀层的抗腐蚀能力。

①腐蚀溶液配制。

根据《人造气氛腐蚀试验 盐雾试验》（GB/T 10125—2012）中关于中性盐雾试验条件的要求，本次试验所采用的腐蚀液按如下配方配制：将化学纯氯化钠溶于电导率不超过20μS/cm的蒸馏水中，配制浓度为(50±5)g/L，配制浓度为在25℃时，配制的溶液密度在1.029~1.036g/cm³范围内，溶液pH值在6.5~7.2范围内。

②试验设置。

盐雾箱内的温度维持在(50±2)℃。进行盐雾试验的热镀锌钢丝及热镀锌-10%铝-稀土合金镀层钢丝规格为长250mm、直径7mm，并对钢丝进行标记。在进行腐蚀试验之前用碳氢清洗剂清洗钢丝表面，去除油污等杂质。

③试样指标。

对比试样的指标见表3-26。

对比试样的指标　　表3-26

序号	项目	单位	锌	锌-10%铝-稀土合金
1	公称直径	mm	7.00	7.01
2	钢丝圆度	mm	0.01	0.00
3	标准抗拉强度	MPa	1935	1940
4	规定塑性延伸强度	MPa	1777	1785
5	弹性模量	MPa	2.03×10^5	2.05×10^5
6	伸长率	%	6.0	6.0

续上表

序号	项 目	单位	锌	锌-10%铝-稀土合金
7	扭转性能	次	29	33
8	缠绕	圈	$3D \times 8$ 圈未断裂	$3D \times 8$ 圈未断裂
9	反复弯曲	次	9	9
10	松弛率	%	2.1	1.9
11	疲劳性能	—	200万次未断裂	200万次未断裂
12	镀层中的铝含量	%	—	10.8
13	镀层单位质量	g/m²	307	293
14	硫酸铜试验	次/45s	4	3
15	镀层附着性	圈	$5D \times 8$ 圈未剥落	$5D \times 8$ 圈未剥落
16	自然矢高	mm	12	13
17	自然翘高	mm	0	1
18	表面质量	—	良好	良好

④试验过程。

高强钢丝试件分别放置在喷雾塔两侧并与垂直方向成(20 ± 5)°的角度。为了保证盐雾可以自由均匀沉降在试件表面上,试件之间不相互叠放并且试样不应放在盐雾直接喷射的位置,保证沉降在试件上的是盐雾箱喷出的盐雾液滴。试件支架采用有机玻璃制作,不会影响试件在盐雾中的腐蚀。

盐雾对比试验于2020年2月24日开始,试验过程中喷雾间歇的设置为连续喷雾,并每隔24h进行拍照记录。根据JIS H 8641,当镀层腐蚀量达到70%以上时,可认定为腐蚀周期结束,则停止腐蚀。具体情况见表3-27。

试样腐蚀情况　　　　　　　　　　　　　　　　表3-27

时间	镀锌钢丝	锌-10%铝-稀土合金镀层钢丝	备 注
0d (0h)			两种镀层表面光滑、无污物

续上表

时间	镀锌钢丝	锌-10%铝-稀土合金镀层钢丝	备注
1d (24h)			镀锌钢丝与锌-10%铝-稀土合金镀层钢丝表面出现少量白锈
8d (192h)			镀锌钢丝开始出现大量白锈,并出现黄色锈斑; 锌-10%铝-稀土合金镀层钢丝白锈蚀增多
12d (288h)			镀锌钢丝开始出现红色锈蚀; 锌-10%铝-稀土合金镀层钢丝白锈蚀进一步增多

续上表

时间	镀锌钢丝	锌-10%铝-稀土合金镀层钢丝	备注
20d (480h)			镀锌钢丝锈蚀面积达到20%~30%；锌-10%铝-稀土合金镀层钢丝未出现红色锈蚀
30d (720h)			镀锌钢丝锈蚀面积达到60%~70%；锌-10%铝-稀土合金镀层钢丝未出现红色锈蚀
45d (1080h)			镀锌钢丝锈蚀面积达到90%以上，停止腐蚀；锌-10%铝-稀土合金镀层钢丝开始出现少量红色锈斑

续上表

时间	镀锌钢丝	锌-10%铝-稀土合金镀层钢丝	备注
76d (1824h)	—		锌-10%铝-稀土合金镀层钢丝锈蚀面积为10%~30%
95d (2280h)	—		锌-10%铝-稀土合金镀层钢丝锈蚀面积为30%~50%
113d (2712h)	—		锌-10%铝-稀土合金镀层钢丝锈蚀面积为60%~70%

试验结果分析如下:

a. 镀锌钢丝开始出现红色锈蚀的时间为288h,锌-10%铝-稀土合金镀层钢丝开始出现锈蚀的时间为1080h。锌-10%铝-稀土合金镀层的腐蚀时间约为纯锌镀层的3.75倍。

b. 镀锌钢丝出现30%锈蚀面积的时间为480h,而锌-10%铝-稀土合金镀层钢丝开始出现30%锈蚀面积的时间为1824h。锌-10%铝-稀土合金镀层的腐蚀时间约为纯锌镀层的3.8倍。

c. 镀锌钢丝出现70%锈蚀面积的时间为720h,而锌-10%铝-稀土合金镀层钢丝开始出现70%锈蚀面积的时间为2712h。锌-10%铝-稀土合金镀层的腐蚀时间约为纯锌镀层的3.77倍。

综上所述,锌-10%铝-稀土合金镀层钢丝的耐腐蚀性能能够达到热镀锌钢丝耐腐蚀性能的3倍以上。

(3) 化学性能测试。

选取纯锌镀层、锌-5%铝-稀土合金镀层和锌-10%铝-稀土合金镀层钢丝进行电化学测试。测试样品的镀层参数见表3-28。

三种对比试样镀层参数 表3-28

序号	项目	单位	锌	锌-5%铝-稀土	锌-10%铝-稀土
1	镀层中的铝含量	%	—	6.0	11.8
2	镀层单位质量	g/m²	331	329	322
3	硫酸铜试验	次/45s	3	3	3
4	镀层附着性	圈	5D×8圈未剥落	5D×8圈未剥落	5D×8圈未剥落

① 极化曲线分析。

纯锌镀层、锌-5%铝-稀土合金镀层及锌-10%铝-稀土合金镀层的极化曲线如图3-17所示,极化曲线拟合参数详见表3-29。

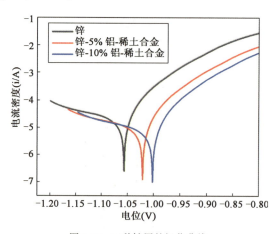

图3-17 三种镀层的极化曲线

电化学极化曲线测试结果表明,锌-10%铝-稀土合金镀层钢丝表现了更好的耐腐蚀性能。这是因为锌-10%铝-稀土合金镀层表面形成了更加致密均匀的$ZnO·Al_2O_3$薄膜,同时其镀层组织存在大量更耐腐蚀的富铝相和富锌相。

三种镀层极化曲线拟合参数 表3-29

镀 层 类 型	腐蚀电位（V）	腐蚀电流（uA）
锌	－1.04	28.75
锌-5%铝-稀土合金	－1.02	12.48
锌-10%铝-稀土合金	－1.00	7.96

②交流阻抗分析。

对纯锌镀层、锌-5%铝-稀土合金镀层及锌-10%铝-稀土合金镀层进行了交流阻抗测试，频率范围为0.01Hz～100kHz，结果如图3-18所示。

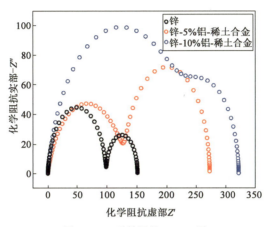

图3-18 三种镀层的 Nyquist 图

从三种镀层的 Nyquist 图可以看到，随着铝含量增加，阻抗弧与横坐标的交点也逐渐增大，说明电荷转移阻抗弧都比纯锌镀层大。由于容抗弧半径越大，其电化学反应阻力越大，其腐蚀过程中电荷转移阻力大，耐蚀性就强，说明镀层中含铝可以有效提高镀层的耐蚀性能。

6）锌-10%铝-稀土合金镀层钢丝应力松弛试验

钢丝应力松弛试验是在一定的温度下进行拉伸加载，以后随着时间的推移，由自动减载机构卸掉部分载荷以保持总变形量不变，测定应力随时间的降低值，即可绘出松弛曲线。钢丝的松弛试验按《预应力混凝土用钢材试验方法》（GB/T 21839—2017）的规定，在国家金属制品监督检验中心进行了试验，具体检测结果见表3-30。

ϕ6.0mm-2060MPa 锌-10%铝-稀土合金镀层钢丝抗松弛性能检测情况 表3-30

检 测 项 目	技 术 要 求	检 测 结 果	结　　论
120h 松弛力（kN）	—	0.5	—
120h 应力松弛率（%）	—	1.2	—
1000h 应力松弛率（%）	≤7.5	1.5	符合

注：1. 实际初始载荷（kN）（为钢丝实际最大力的70%）：42.36。
　　2. 试验温度范围：19.3～19.9℃。
　　3. 1000h 应力松弛率为 120h 应力松弛率外推值。

3.2.5 桥梁缆索用 $\phi 6.0mm$-2060MPa 锌铝镁合金镀层钢丝的研发与产业化

腐蚀防护是延长和保障缆索结构桥梁安全寿命的关键技术,通常可以采用涂层材料保护法和电化学保护法来提高钢铁材料的耐腐蚀性能。在众多的保护措施中,热浸镀金属镀层被公认为是钢铁保护最直接最有效的方法之一。热浸镀锌层可以有效降低钢铁材料的腐蚀速度,增加基体的耐久性,并且具有成本低廉、操作便捷、与基体结合力强等优点,因此,在桥梁缆索钢丝腐蚀防护中得到了广泛的应用。然而,由于热浸镀锌中间合金层是硬脆的 Fe-Zn 相层,桥梁缆索用热浸镀锌钢丝长期在应力工作条件下容易在镀层界面萌生裂纹等缺陷,锌铝合金镀层钢丝晶界易被腐蚀,使钢丝频繁受到腐蚀。因此,最大限度保证大跨径桥梁的使用寿命和使用安全,即在确保主缆钢丝的高强度和高韧性的前提下大幅提高耐腐蚀性能,成为桥梁工程发展过程中非常关键的一环。

热浸镀锌铝镁三元合金镀层是在锌铝二元合金镀层上发展而来的新一代耐腐蚀合金镀层。研究发现,在锌铝合金镀层中添加 0.1% 的镁,可以有效解决锌铝合金晶界腐蚀问题。当镁含量不超过 3% 时,提高锌铝合金中的镁含量能进一步提高镀层的耐腐蚀性。日新制钢开发的 Zn-6%Al-3%Mg 锌铝镁三元合金镀层的耐腐蚀性能达到纯锌镀层耐腐蚀性能的 5 倍;新日铁公司开发的高耐腐蚀镀层 SuperDyma,镀层成分为 Zn-11%Al-3%Mg-Si,其耐腐蚀性能达到纯锌镀层的 15 倍。锌铝镁三元合金镀层不仅具有高平面耐腐蚀性能,还具有"自修复"性能,同时镀层硬度比纯锌镀层更高,因此得到广泛的应用。

热浸镀锌铝镁三元合金镀层表现出卓越的耐腐蚀性能,大幅提高了深中通道伶仃洋大桥的梁缆索用钢丝的耐腐蚀性能,为解决高碳高硅钢种的高强度桥梁钢丝的耐腐蚀性能问题提供了一条有效途径。

3.2.5.1 热镀纯锌、锌铝合金与锌铝镁合金镀层的研究现状

热镀锌已有 200 多年的发展历史,从 1742 年由法国化学家把熔融锌镀在钢铁制品上,到 1837 年英国人 Grawford 取得熔融法专利,热浸镀工艺技术和装备的发展使得镀层质量不断得到改善。热镀锌因其具有优异的电腐蚀保护性和成型性,而且比电镀更经济可行,因此,广泛应用于建筑、汽车和家电工业。钢材热镀锌的种类很多,根据镀层种类分为热镀纯锌(GI,Galvanized)、合金化镀锌(GA,Galvaneal)、热镀铝锌(Galvalume,典型成分:55%Al-Si)、热镀锌铝(Galfan)和热镀锌铝镁(典型代表 ZAM:Zn-6Al-3Mg)等。图 3-19 总结了热镀镀层技术的发展历程。

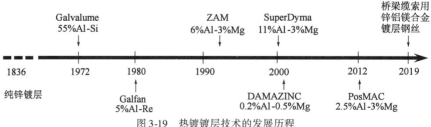

图 3-19　热镀镀层技术的发展历程

1）热镀纯锌

热镀纯锌应用最早，镀层表面呈现规则细小的晶花，镀层中锌含量在99%以上，热镀锌镀层主要由Zn-Fe合金层和锌层构成，如图3-20所示，从外至钢板表面依次为γ、ζ、Γ、Γ₁和α，外层为密排六方结构的γ锌层，其他层为由于界面上Fe、Zn互扩散形成的Zn-Fe合金层。

热镀锌层可以提高钢铁的耐腐蚀性能，有效延长钢铁材料使用寿命。热浸镀锌镀层除对基体材料进行屏蔽防腐外，还对基体起到电化学保护：由于Zn的电位比Fe更负，Zn与Fe形成微电池时，镀层将作为原电池的阳极被牺牲掉，而保护钢铁材料不会被腐蚀损耗。热浸镀锌后的钢铁材料在大气环境下的腐蚀首先从最外侧的凝固层和η-Zn层开始，再腐蚀δ和ζ层，镀层消耗完后会腐蚀基体。其中η-Zn层的耐腐蚀性最好，腐蚀周期最长。目前，热浸镀锌耐腐蚀性能的研究主要集中在凝固层和η-Zn层，事实上δ和ζ层也会对镀层的耐腐蚀性能产生重要的影响。热浸镀锌镀层以其良好的耐大气腐蚀特性以及成本低廉、制备便捷、与基体结合力强等优点，被广泛用作钢铁材料的保护镀层；但其同时也存在镀层孔隙率较高、腐蚀产物疏松和高温抗氧化性能差等问题，无法满足产品在复杂环境中的高耐腐蚀性需求。为了进一步提高热浸镀镀层的耐腐蚀性能，合金化已成为当前最普遍的手段之一，多元合金镀层也被广泛地开发和利用。

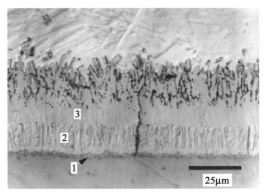

图3-20 超低碳钢在450℃锌液热镀300s形成镀层的微观结构

1-gamma（Γ）phase；2-delta（δ）phase；3-zeta（ζ）phase

2）热浸镀锌铝合金镀层

向锌熔池中添加Al元素可以改善镀层的均匀性和光亮度，而且由于Al与Fe的亲和力大于Zn与Fe的亲和力，Al与Fe生成的$Fe_2Al_5/FeAl_3$中间合金层可以阻滞铁离子向锌方向扩散，对Fe-Zn合金层的形成起到抑制作用。目前具有代表性的商业产品主要有Galfan合金镀层（Zn-5%Al-RE）、加拿大Comico公司开发的合金镀层（Zn-23%Al-0.3%Si）以及Galvalume合金镀层（Zn-55%Al-1.6%Si）。

Galfan合金镀层是锌-铝系共晶组织，由Zn-Al合金二元相图可知，其共晶点铝的质量分类为5.02%，熔点382℃，具有优良的流动性。该镀层是在5%Al+Zn共晶合金的基础上添加了0.05%稀土元素或0.1%Mg后形成的。5%Al的加入，使镀层中疏松脆性的δ1相为韧性的Fe_2Al_5所取代，大大减薄了该镀层的厚度，改善了镀层的韧性，同时因为易延展的共晶组织，使得镀层具有优异的可成形性，与GI相比，具有较低的摩擦因数，适合小角度弯曲和深冲加工。铝的加入，使镀层表面形成一层Al_2O_3保护层，从而减缓了Zn的电腐蚀性，由于同时存在Zn的牺牲阳极保护和铝的自钝化保护特性，该镀层具有优异的耐腐蚀性。

已有研究表明：锌液中加入的Al因其与Fe的亲和性要优于Zn，钢基表面上会优先形成

Fe-Al 化合物(抑制层),浸镀初期钢基表面先形成细薄 $FeAl_3$ 抑制层,使抑制层附近区域锌液 Al 含量降低。在低 Al 锌液浸镀过程中,$FeAl_3$ 抑制层会转变成 Fe_2Al_5 抑制层。在高 Al 锌液中,生成的 Fe-Al 化合物相层会有 Fe_2Al_5、$FeAl_3$ 两种相层存在,Fe_2Al_5 相层主要是在存在靠近钢基体表面处,而 $FeAl_3$ 相层主要存在接近锌液处,这有利于提高镀层黏附性,使镀层和带钢具有良好的结合力;此外在合金化过程中,Fe_2Al_5 相抑制 Zn 原子向钢基扩散,延迟 Fe-Zn 合金化反应时间,减少 Fe-Zn 相(尤其是 Γ 相)的形成,从而提高镀层成形性。Al 含量过低形成的 Fe-Al 化合物层并不均匀、致密,不能很好地抑制 Fe-Zn 层的生长;但若 Al 含量过高,尽管可以有效抑制 Fe-Zn 层的生长,可是形成粗大的 Fe-Al 化合物,也并不利于镀锌层的性能。因而,需要控制锌锅中 Al 的成分。

3)热浸镀锌铝镁

近几十年来,研究者发现在锌液中加入适量 Al,再添加适量的 Mg,镀层的性能更好,目前热浸镀锌铝镁镀层受到国际大型钢铁企业的重视,竞相开发,各自推出相应的注册商标的品牌产品。

20 世纪 80 年代中期,日本钢铁研究中心研制出 Zn-4.5% Al-0.1% Mg 的合金镀层,命名为 Superzinc,该镀锌层组织和性能与 Galfan 相近。20 世纪 90 年代初,日本新日铁公司开发出配方简单而且耐腐蚀性能好的 Zn-0.2% Al-0.5% Mg 镀层,命名为 DymaZinc。向 Zn-0.2% Al 锌液中添加 Mg 元素,Mg 含量增加,镀层耐蚀性能迅速提高。Zn-0.2% Al-0.5% Mg 合金镀层耐蚀性最佳,特别是在大气腐蚀环境中表现出较好的抗腐蚀效果。DymaZinc 合金镀层表面硬度较高、抗损坏性能好,镀锌钢板切边处也有一定的耐蚀作用。21 世纪初,新日铁公司开发成功 SuperDyma 镀层产品,主要成分 Zn-11% Al-3% Mg-0.2% Si,具有超强耐蚀性、优异的涂装性、成型性良好,适用于家电领域及各种焊接方式。

20 世纪 90 年代末,日本日新制钢开发出 Al、Mg 含量高于 DymaZinc 的 Zn-6% Al-3% Mg 合金镀层,希望能取代不锈钢和镀锌板的新钢种,并于 2000 年研制成功一种名为 ZAM 的钢种,该钢种于 2001 年在日本面世。由于 Mg 的加入,致使 Zn-6% Al 合金镀层中层状 Zn/Al 组织发生变化,当 Mg 含量超过 3% 时,镀层微观组织变为以 $Zn + Al + Zn_2Mg$ 三元共晶为主体的结构,从而使钢板表面形成一层致密的、有效防止腐蚀因子穿透的屏障。资料介绍,ZAM 镀层耐腐蚀性能是 Zn-0.2% Al 的 18 倍,是 Galfan 合金镀层(Zn-5% Al-RE)的 5 倍左右。

图 3-21 所示是盐雾腐蚀试验结果,即在盐水喷雾试验(SST:JIS Z2371)下的红锈产生时间。镀锌铝镁钢板与热浸镀锌钢板、热浸镀锌-铝 5% 合金钢板相比,具有优异的耐红锈性。ZAM 合金镀层在海洋或农村大气下暴晒,会产生有抑制大气腐蚀反应的产物。对比三种热镀钢板在户外暴露试验结果,约 7 年的暴露结果表明,与热浸镀锌(PENTITE B)比,ZAM 的耐蚀性约高 4 倍。而 Zn-Al 类镀层钢板,随着时间的推移,出现腐蚀减量下降的倾向,可以推测耐蚀性差距将会进一步拉大。

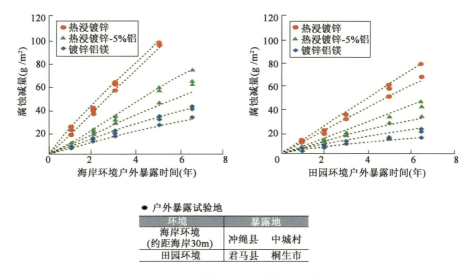

图 3-21 三种热镀钢板在户外暴露试验结果

由于 ZAM 钢板的镀层比其他热浸镀锌钢板更坚硬,具有更优异的耐刮痕性,因此,适用于加工时易出现刮痕或反复受到摩擦或磨损的部位,如图 3-22 所示。

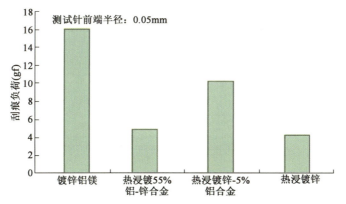

- 刮痕负荷的测定方法

将顶端半径为0.05mm的蓝宝石测试针垂直于试验部位,以调节为0.0196～0.196N(2～20gf)的负荷压下,同时移动试验部位20mm,此后目视观察试验部位是否产生刮痕,将发生刮痕的负荷中最小的负荷作为耐刮痕负荷。

(参考)镀层硬度[维氏硬度(Hv):测定实例]

镀锌铝镁	140～160Hv
热浸渡55%铝-锌合金	100～110Hv
热浸镀锌-5%铝合金	80～100Hv
热浸镀锌	55～65Hv

图 3-22 四种热镀钢板镀层的耐刮痕性比较

近几十年,国外大型钢铁公司竞相开发锌铝镁热镀钢板技术。浦项钢铁公司采用 POSCO 独有技术开发的高耐腐蚀锌铝镁镀层钢板,耐腐蚀性是 GI 板的 5 倍。欧洲 ArcelorMittal、Ruukki、Salzgitter、Tata Steel、ThyssenKrupp Steel Europe、voestalpine and Wuppermann 在 21 世纪初开始研究,陆续成功开发了品牌,如阿赛洛米塔尔公司已经成功量产 Zagnelis™,2005 年开始在实验室研究,2008 年初确定 Zn-3.7% Al-3.0% Mg 的成分体系,2008 年 11 月在比利时第二条镀锌线进行试制,2010年推出商品品牌Zagnelis™,形成系列产品。

3.2.5.2 桥梁缆索用热镀锌铝镁合金镀层钢丝的研究与开发

1) 镁合金镀层的微观组织研究

在Zn-6%Al合金镀层中,镀层凝固组织主要由Zn-Al二元共晶组织以及少量的β-Zn相组成。由于成分和冷却速率不同,镀层的凝固组织可以是全共晶组织、初生富Zn相和共晶的亚共晶组织、初生富Al相和共晶的过共晶组织。

在锌铝合金镀液中添加Mg后,镀层凝固后的显微组织发生了显著的变化。

随Mg含量的增加,外层凝固组织变得比较复杂。当Mg含量超过0.5%时,才会出现$Mg\text{-}Zn_2$相。Zn-6%Al-3%Mg合金镀层中主要是Zn-hcp相、Al-fcc相、$MgZn_2/Mg_2Zn_{11}$相和三元共晶组织,只有在极快或者极慢的冷却条件下,Mg_2Zn_{11}才会出现在镀层的凝固组织中。不同涂层表面的部分衍射图如图3-23所示。

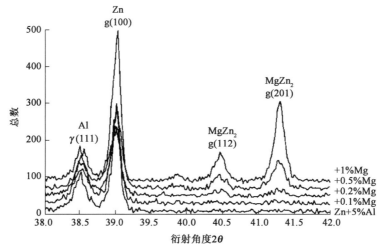

图3-23 不同涂层表面的部分衍射图(铜辐射)

Zn-Al-Mg合金镀层组织中物相主要为锌相、铝相和$MgZn_2$相三种物相,主要以粗大的Zn/Al共晶组织和弥散的Zn/Al/Mg三元共晶组织两种镀层组织形式出现。Mg元素对Zn-Al-Mg合金镀层组织有显著细化作用,主要是生成了金属间化合物$MgZn_2$,在Zn/Al共晶体中析出Zn/Al/Mg三元共晶体。Mg均匀地以$MgZn_2$的形式分布在镀层细密组织中,镀层组织形成以Zn/Al/Mg三元共晶体为主体的镀层结构,且镀层结构致密,所以能有效阻止晶间腐蚀的发生。Zn-Al-Mg-RE镀层组织仍旧与Zn-Al-Mg镀层相同。稀土元素的加入,促使Mg元素在镀层中均匀分布,增加了$MgZn_2$金属化合物的成核概率,促使Zn/Al/Mg三元共晶体为主体的镀层结构在镀层中所占比例增大,这是Zn-Al-Mg-RE镀层的耐腐蚀性相比Zn-Al-Mg镀层耐腐蚀性提高的一个重要原因。

铝含量保持在6%不变时,不同镁含量锌铝镁合金的凝固组织,镁含量的变化对锌铝镁合金的凝固组织影响很大。Zn-6%Al-1%Mg合金的凝固组织主要是Zn-hcp相,除此之外还有少量的 Al-fcc 相、Zn/Al 二元共晶和 Zn/Al/MgZn$_2$ 三元共晶体,如图 3-24a)所示。Zn-6% Al-2% Mg 合金中 Al-fcc 相消失,其凝固组织主要由细小的 Zn/Al 二元共晶组织和 Zn/Al/MgZn$_2$ 三元共晶体组成,此外,还有少量粗大的 Mg$_2$Zn$_{11}$ 相、MgZn$_2$ 相和 Zn-hcp 相,如图 3-24b)所示。当合金中的 Mg 含量达到 3% 时,合金的凝固组织主要由比较粗大的 Zn/Al 二元共晶、Zn/Al/MgZn$_2$ 三元共晶和粗大的 MgZn$_2$ 相组成,如图 3-24c)所示,与镀锌后形成的镀层组织有明显的不同。在镀锌过程中,由于钢板的温度与镀锌液温度接近,浸镀后合金液的冷却速度很慢,锌铝镁镀层组织主要由 Zn-hcp 相、Al-fcc 相、MgZn$_2$ 相和三元共晶组成。由于金属液凝固速度很快,抑制了初晶富铝相和 Zn-hcp 相的生成,导致合金的凝固组织仅仅由 Zn/Al 二元共晶、Zn/Al/MgZn$_2$ 三元共晶和 MgZn$_2$ 相组成。当合金中 Mg 含量增加到 4% 时,合金组织中 Zn/Al 二元共晶基本消失,生成了大量的 Al/MgZn$_2$ 二元共晶体,组织中除了比较细小的 Zn/Al/MgZn$_2$ 三元共晶和少量尺寸有所减小的 MgZn$_2$ 相外,还出现了椭圆形初生 Al-fcc 相和少量的 Zn-hcp 相,如图 3-24d)所示。当合金中 Mg 含量增加到 5% 时,除了粗大的 Al/MgZn$_2$ 二元共晶体明显增多以外,其他组织变化不大,如图 3-24e)所示。

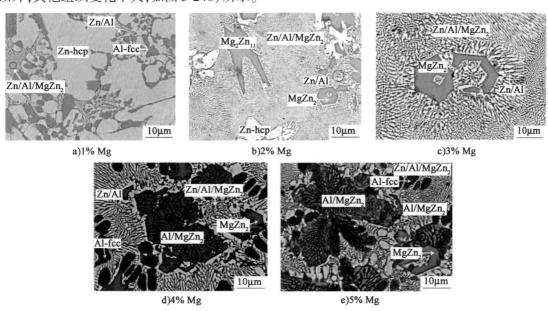

图 3-24 不同 Mg 含量 Zn-6% Al-Mg 合金的凝固组织

随着 Mg 含量依次增加,锌铝镁合金中的 Zn/Al/MgZn$_2$ 共晶体数量明显增加,并逐渐出现粗大的 Mg$_2$Zn$_{11}$ 和 MgZn$_2$ 相。当 Mg 含量增加到 3% 时,初生 Mg$_2$Zn$_{11}$、富铝相和 Zn-hcp 相消失,Zn/Al 二元共晶体和 Zn/Al/MgZn$_2$ 三元共晶体所占的比例达到最大值,且 MgZn$_2$ 相尺寸最大。随着 Mg 含量的进一步增加,锌铝镁合金中的 Zn/Al/MgZn$_2$ 共晶体数量减少,粗大的 Al/MgZn$_2$ 二元共晶体增多,MgZn$_2$ 相有所细化,组织中出现富铝相和 Zn-hcp 相。因此,从合金组织的均匀性和相形态与尺寸的角度分析,Zn-6% Al-3% Mg 合金的力学性能有可能是最好的。

Al 铝含量的变化对锌铝镁合金的凝固组织影响同样很大。Zn-4% Al-3% Mg 合金的凝固

组织主要由粗大的 Mg_2Zn_{11} 相和 Zn-hcp 相、较多的 $Zn/Al/Mg_2Zn_{11}$ 三元共晶体、部分 Zn/Al 二元共晶体、Al-fcc 相和少量的 $MgZn_2$ 相组成,如图 3-25a)所示。Zn-5%Al-3%Mg 合金的凝固组织主要由粗大的 Mg_2Zn_{11} 相、颗粒状 Zn-hcp 相和大量的 $Zn/Al/Mg_2Zn_{11}$ 三元共晶体组成,如图 3-25b)所示;变化最大的是富 Al 相消失,三元共晶组织数量明显增多。当合金中的 Al 含量达到 6% 时,合金的凝固组织主要由 Zn/Al 二元共晶、$Zn/Al/MgZn_2$ 三元共晶和粗大的 $MgZn_2$ 相组成,如图 3-25c)所示。由于初晶相由 Mg_2Zn_{11} 相变成了 $MgZn_2$ 相,三元共晶体也由 $Zn/Al/Mg_2Zn_{11}$ 演变成 $Zn/Al/MgZn_2$。当合金中 Al 含量增加到 7% 时,合金组织中除了较多细小的 $Zn/Al/MgZn_2$ 三元共晶和粗大的 $Al/MgZn_2$ 二元共晶体及少量粗大的 $MgZn_2$ 相外,又出现了比较粗大的初生 Al-fcc 相和 Zn-hcp 相,如图 3-25d)所示。当合金中 Al 含量增加到 8% 时,除了 $Al/Mg-Zn_2$ 二元共晶体数量增多以外,合金的凝固组织与 Zn-7%Al-3%Mg 合金凝固组织类似,如图 3-25e)所示。

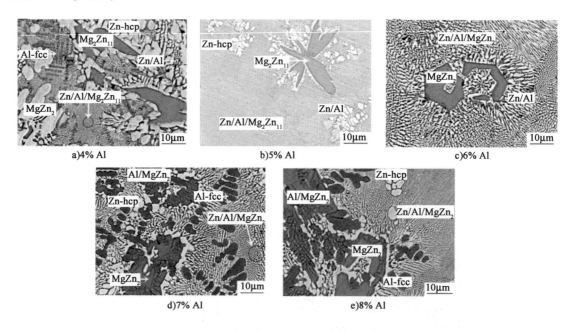

图 3-25　不同 Al 含量 Zn-Al-3%Mg 合金的凝固组织

随着 Al 含量依次增加,锌铝镁合金中的 $Zn/Al/Mg_2Zn_{11}$ 共晶体数量明显增加,粗大的 Zn-hcp 相数量明显减少。当 Al 含量增加到 6% 时,初生 Mg_2Zn_{11} 相和 $Zn/Al/Mg_2Zn_{11}$ 共晶体完全消失,凝固组织几乎全部由 Zn/Al 二元共晶体和 $Zn/Al/MgZn_2$ 三元共晶体组成,并出现粗大的 $MgZn_2$ 相。随着 Al 含量的进一步增加,锌铝镁合金中的 Zn/Al 二元共晶和 $Zn/Al/MgZn_2$ 三元共晶体。

2)Mg 含量对镀层腐蚀产物的影响

少量 Mg 加入后细化了晶粒,强化了晶界,因此,相较同样是主要由 Zn-Al 二元共晶组织组成的 Zn-6%Al 的合金镀层,加入 0.1%Mg 的 Zn-6%Al-0.1%Mg 镀层耐腐蚀性有了一定提高。

随着 Mg 含量的不断提高,腐蚀速度逐渐降低,这是因为在镀层中 Mg 含量超过 0.2% 后,镀层中会形成金属间化合物 $MgZn_2$ 和 Mg_2Zn_{11}。Morishita 等测定了 $MgZn_2$ 和 Mg_2Zn_{11} 这两个金属间化合物和金属纯 Zn 的阳极溶解电流,发现此金属间化合物比纯 Zn 具有更小的阳极溶解电流,认为正是此金属间化合物的形成导致了耐蚀性能的大幅提升。同时,他还认为 Mg 加入后形成的 MgO 能填充 Zn 腐蚀的间隙,抑制腐蚀的进行。Sugimaru 等研究了 Zn-11% Al-2% Mg 镀层后认为减少镀层中大颗粒粗晶 $MgZn_2$ 相的形成,能使镀层展现出极为出色的耐蚀性能。Mg 含量升高使镀层中越来越多 $MgZn_2$ 分布在均匀致密 Zn/Al/$MgZn_2$ 三元共晶组织中,从而提高了镀层的耐腐蚀性能。从图 3-26 中可看到,Mg 含量在 3% 时,镀层中的耐腐蚀性能最好,此成分 Zn-6% Al-3% Mg 合金镀层三元共晶组织均匀致密,为镀层提供了良好的腐蚀保护。4% Mg 的 Zn-6% Al 合金镀层耐蚀性能反而急剧下降是因为 $MgZn_2$ 作为初生相在镀层中形核,形成的 $MgZn_2$ 单相晶粒粗大,导致耐腐蚀性有所下降。

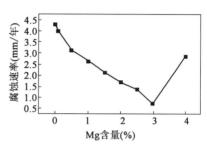

图 3-26 不同 Mg 含量的 Zn-6% Al 合金镀层腐蚀速度

3) 热镀锌铝镁合金镀层工艺研究

热浸镀锌铝镁合金镀层的基本工艺过程分为前处理、热浸镀和后处理。按前处理的不同可分为保护气体还原法和熔剂法两大类。其中,热浸镀锌铝镁钢板(卷)试验保护气体还原法包括森吉米尔法、改良森吉米尔法和美钢联法。而热浸镀锌铝镁合金镀层钢丝目前使用的熔剂法,并采用双镀(先热镀纯锌,再热镀锌铝镁合金)法。

(1) 保护气体还原法。

1931 年,波兰工程师森吉米尔在波兰建成世界上第一条氮气还原法钢带连续热浸镀生产线,并于 1937 年建成以森吉米尔名字命名的工业热浸镀生产线,开创了钢带连续热浸镀的时代。

森吉米尔法的生产工艺为:焊接后的钢带运行至氧化炉,在高温氧化炉内钢带表面的油被燃烧掉,同时钢带表面被氧化,生成一层薄的氧化铁膜,然后钢带运行至还原退火炉,使钢板快速完成再结晶退火,同时钢板表面的氧化铁膜被 H_2 还原成疏松多孔的海绵铁。随后钢带进入冷却段,温度降到 530℃ 左右这一适合热浸镀的温度,然后经炉鼻进入锌锅,进行热浸镀。经过浸没辊后钢带被垂直拉出锌液,经气刀抹拭、冷却、光整和钝化后完成热浸镀。该工艺不使用烙剂,因此极大地改善了热镀锌的作业环境。

森吉米尔法和改良森吉米尔法不对钢带进行清洗,直接预热和还原退火随后进行热浸镀,因此镀层质量不稳定。而美钢联法先对钢板进行电解脱脂,可将钢带表面油污完全除掉,然后水洗烘干,接着进行退火还原和热浸镀,因此,美钢联法生产的镀锌板有良好的表面质量。近年来新建的热浸镀机组大部分采用美钢联法,包括热浸镀锌铝镁合金镀层钢板。

需要指出的是:热浸镀锌铝镁合金镀层钢板的钢种基本上都是低碳钢板。锌铝镁合金镀层厚度不到 10μm，远低于桥梁缆索钢丝 50μm 的镀层厚度。为了保证钢板表面质量和性能，经过沉没辊和稳定辊出锌锅后，钢板表面黏附的锌铝镁合金镀液在气刀送出的冷却气体作用下凝固，且后续没有水冷等快速冷却工艺。保护气体还原法工艺示意图如图 3-27 所示。

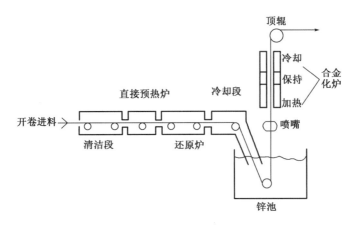

图 3-27 保护气体还原法工艺示意图

（2）熔剂法。

熔剂法也称为 Cook-Northnan 法，其工艺特点是必须使用专门的助镀剂，并在热浸镀锌之前对镀件进行熔剂处理。该法是在钢件浸入镀锅之前，先在经过净化的镀件表面涂一层助镀熔剂，以防止镀件表面在进入锌液之前再次被氧化，然后进行浸镀，此时溶剂受热分解或挥发，使新鲜的钢表面外露与熔融金属直接接触，发生反应并不断扩散，最终形成镀层。

当采用熔剂法进行热镀锌时，其一般工艺流程是：脱脂→酸洗→水洗→助镀→干燥→热浸镀。该工艺过程可以分为两个阶段：首先是钢材表面预处理的阶段，钢材要经过清洗以除去表面附着的金属屑和污垢（一般会采用先热水清洗后化学脱脂以充分清除钢材表面的油脂），此后会通过酸洗除去钢材表面的氧化铁皮和钢材表面残留碱液，当对钢材表面处理完后会进行助镀处理，使钢材表面覆盖一层盐膜，以保护基体不会被二次氧化。其次就是钢材的热浸镀阶段，经过助镀后的钢材在浸入锌液后，表面的助镀剂会与锌液发生剧烈反应，之后钢材露出洁净基体，迅速被锌液所浸湿，在表面形成镀层。热镀锌质量的好坏会不仅受到预处理阶段的影响，还会受到热浸镀阶段的影响，预处理阶段对其的影响主要体现在助镀剂的选择是否合适上。目前工业化生产中，仅成功开发了针对纯锌热浸镀的助镀剂，锌铝镁合金镀层热浸镀用助镀剂尚未成功开发。因此，对于热浸镀锌铝镁合金镀层钢丝，目前使用双镀法，即先热镀纯锌，再热浸镀锌铝镁合金镀层。

图 3-28 是二次热浸镀示意图。第一次热浸镀为锌锅锌液为纯锌，锌锅温度 T_{b1} 一般为 460℃；第二次热浸镀为锌铝镁三元合金，锌锅温度 T_{b2} 根据锌铝镁的熔点来确定，一般在 380~420℃范围内。锌锅温度、钢丝入锌锅温度、钢丝在锌锅行走时间和钢丝速度等关键工艺参数，决定了镀层厚度和质量。

图 3-29 中 A、B、C、D 分别是钢丝浸入纯锌液和三元锌合金液的进出点。T_{wA}、T_{wB}、T_{wC} 和

T_{wD} 分别是对应钢丝浸入和拉出两个锌锅的表面温度,可见控制 AB 和 CD 的长度是十分重要的,决定了钢丝的表面温度与镀层厚度,T_{wC} 温度尤为重要,现场将实测这些点的温度变化。

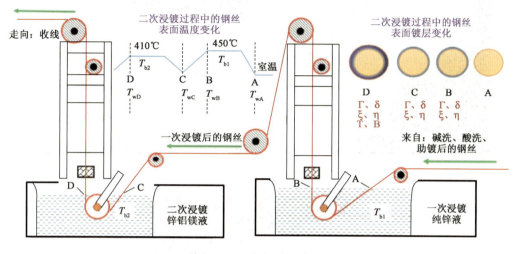

图 3-28 二次热浸镀示意图

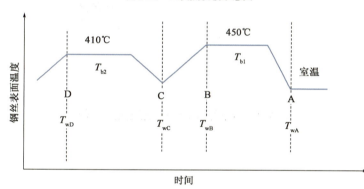

图 3-29 两次连续热浸镀过程中钢丝表面温度的变化示意图

温度是控制镀层厚度和质量的关键因素,而且也影响钢丝的性能。冷拔钢丝经过二次热浸镀过程将会发生回复和再结晶,如果回复和再结晶不够,冷变形组织仍保留,钢丝塑性不足,会直接影响下一步深加工,扭转性能不能达到要求;如果经过热作用时间太长,冷拔钢丝的回复和再结晶充分,则钢丝的强度无法保证,尤其是 2000MPa 以上的钢丝。

由于存在二次热浸镀,第一次热浸镀形成镀层,第二次热浸镀在已有的镀层上凝固,因此,如何控制每一次镀层和总镀层厚度也是很重要的工作。在热浸镀后的冷却控制中,不同冷却速度下相同成分的锌铝镁合金镀层可以得到完全不同的显微组织,如图 3-30 所示,Zn-5% Al-1% Mg 合金镀层在不同冷却速度下,分别得到平衡态、等轴晶、柱状晶。其中,等轴晶组织的塑形和耐腐蚀性能相对最优。

由于桥梁缆索钢丝对高强度的要求,采用的盘条多为高碳高硅钢种,常见的几种桥梁缆索钢丝专用盘条的化学成分见表 3-31。可以看到,钢丝碳含量超过了 0.8%,Si 含量也超过了 0.8%。高碳高硅对热浸镀钢丝表面与镀层间的界面扩散有着显著的影响,尤其是圣德林效应。

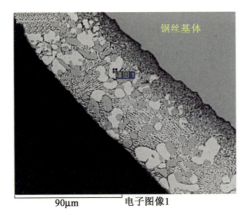

a) 空冷镀层组织　　　　　　　　b) 快速水冷组织

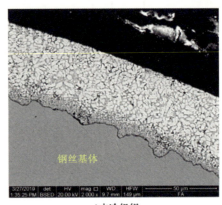

c) 水冷组织

图 3-30　不同冷却速度下锌铝镁镀层的 SEM 背散射电子照片

桥梁缆索用钢丝专用盘条的化学成分　　　　　　　　表 3-31

牌　号	化学成分(质量分数)(%)				抗拉强度(MPa)	
	C	Si	Mn	Cr	盘条	钢丝成品
B82MnQL	0.80 ~ 0.85	0.12 ~ 0.32	0.60 ~ 0.90	≤0.20	1130 ~ 1250	>1770
B87MnQL	0.85 ~ 0.91	0.12 ~ 0.32	0.60 ~ 0.90	0.10 ~ 0.25	1210 ~ 1370	>1860
B87SiQL	0.85 ~ 0.89	0.80 ~ 1.00	0.60 ~ 0.90	0.05 ~ 0.35	1260 ~ 1420	>1960
B92SiQL	0.90 ~ 0.96	1.00 ~ 1.40	0.30 ~ 0.70	0.05 ~ 0.50	1310 ~ 1470	>2060
B96SiQL	0.94 ~ 0.99	1.20 ~ 1.50	0.30 ~ 0.70	0.10 ~ 0.60	1410 ~ 1570	>2160

研究发现,用先热镀纯锌再热镀锌铝镁合金的双镀法获得的桥梁缆索用锌铝镁合金镀层钢丝,其横截面 SEM + EDS 分析发现在镀层与钢丝基体间界面上,都能检测到大量的 Mg 元素。这和以往的研究发现不同,如图 3-31 所示。

XRD(X 射线衍射仪)谱分析表明,与纯 Galfan 合金过渡层相比,1% Mg、3% Mg、5% Mg 相对应的 $Fe_2Al_5Zn_{0.4}$ 的峰值都发生了左移。这是由于 Mg 原子渗入过渡层组织中,$Fe_2Al_5Zn_{0.4}$ 的晶格常数改变造成的。Mg 原子半径小 Al 原子半径,在扩散反应过程中,Mg 原子占据了 $Fe_2Al_5Zn_{0.4}$ 晶格中 Al 原子的位置。Mg 原子进入 $Fe_2Al_5Zn_{0.4}$ 相时引起的晶格畸变阻碍了 Fe 和 Al 的扩散反应,抑制了 $Fe_2Al_5Zn_{0.4}$ 相的生长,使过渡层厚度减小。

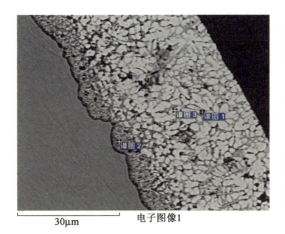
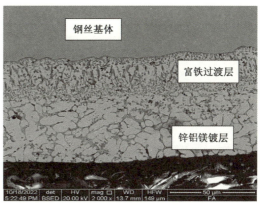

图 3-31　双镀法锌铝镁合金镀层横截面和"圣德林"效应镀层横截面

3.2.5.3　不同桥梁缆索钢丝的镀层性能对比

不同桥梁缆索钢丝的镀层性能对比见图 3-32、表 3-32。

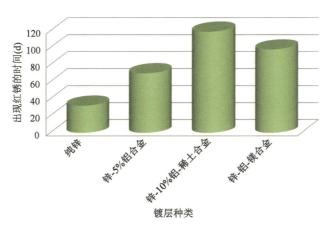

图 3-32　不同种类镀层在中性盐雾试验中出现红锈的时间

纯锌、锌-铝合金、锌-铝-稀土合金、锌-铝-镁合金镀层性能对比表　　表 3-32

镀层类型	抗腐蚀能力	与钢丝基体附着力
纯锌	一般	一般
锌-铝合金	较优	较优
锌-铝-稀土合金	优	优
锌-铝-镁合金	优	一般

3.3 新型多元合金超高强度热镀钢丝索股的开发

3.3.1 新型多元合金超高强度热镀钢丝索股锚固技术研究

锚具是把索股索力传递给锚碇预应力系统的主要结构,如图3-33所示,锚具的锚固性能和安全性能决定着主缆索股的安全性能。对于127φ6.0mm-2060MPa锌铝多元合金镀层钢丝来说,由于索体的强度提高了,因此,对相应的锚具选材及热处理工艺、锚具结构设计和灌锚技术等进行研究,以保证其满足超高强度主缆索股的锚固需要。

1)索股锚具材料选材及热处理工艺研究

(1)主缆锚具材料选材研究。

由于悬索桥主缆索股锚具形状较复杂,一般采用铸件进行制作。常用的锚具铸件材料为ZG310-570、ZG20Mn、ZG35Cr1Mo。三种材料的化学成分和力学性能见表3-33、表3-34。

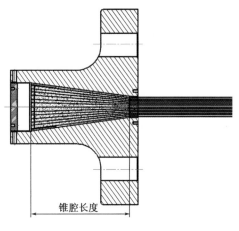

图3-33 锚具结构示意图

三种材料主要化学成分要求(质量分数,%)　　　表3-33

牌号	C	Si	Mn	S	P	Ni
ZG310-570	≤0.50	≤0.60	≤0.90	≤0.035	≤0.035	≤0.40
ZG20Mn	0.17~0.23	≤0.80	1.00~1.30	≤0.030	≤0.030	≤0.80
ZG35Cr1Mo	0.30~0.37	0.30~0.50	0.50~0.80	≤0.030	≤0.030	—

三种材料力学性能　　　表3-34

牌号	热处理状态	屈服强度 σ_s(MPa)	抗拉强度 σ_b(MPa)	伸长率 A_5(%)	断面收缩率 Z(%)	V形缺口冲击吸收功 Akv(J)	U形缺口冲击吸收功 Aku(J)
ZG310-570	—	310	570	15	21	15	24
ZG20Mn	正火+回火	285	495	18	30	—	39
ZG20Mn	调质	300	500~650	24	—	45	—
ZG35Cr1Mo	正火+回火	392	≥588	12	20		23.5
ZG35Cr1Mo	调质	490	≥686	12	25		31

ZG310-570的碳含量达到0.45%左右,铸造缺陷多,焊补性能差,因而不易铸造和修补,另外其冲击性能也较差。

ZG35Cr1Mo铸态组织的特征是晶粒粗大,有时还会存在魏氏组织。晶粒的粗细和晶粒的形态,对钢的性能有重要的影响:晶粒粗大则晶界的比表面积小,因而钢的强度低。柱状晶具有各向异性,在其横向上的力学性能特别是韧性较低。在接受外力冲击时易沿晶界发生断裂,这种铸态组织特征在厚壁铸件上尤为明显,铸件越厚,则性能越差。

ZG20Mn 的碳含量在 0.18% 左右,比较适合铸造生产,材料的可焊性好且具有良好的力学性能,易于机械加工。

对于大规格主缆索股锚具,其结构较为复杂,锚具尺寸较大,因此,选用综合性能良好、加工性能良好的 ZG20Mn 作为主缆锚具的材料。

(2)主缆锚具的热处理工艺研究。

热处理是锚具制造中的重要工艺之一。锚具热处理是将粗加工后的锚具放在一定的介质中加热到适宜的温度,并在此温度中保持一定时间后,又以不同速度在不同的介质中冷却,通过改变金属材料表面或内部的显微组织结构来控制其锚具性能的一种工艺。同样的材料,不同的热处理工艺却会产生不同的性能。一般 ZG20Mn 采用的是正火 + 回火的热处理工艺,正火 + 回火是为了获得细小和均匀的显微组织,以改善钢的强度和韧性。对于大规格 ZG20Mn 来说,由于锚具尺寸较大、壁厚较厚,铸造过程造成的合金元素偏析和碳化物等在奥氏体中溶解不充分,造成奥氏体成分不均匀,其强韧性能很难得到充分发挥;且对于厚壁铸件,在热处理时,因原始冶金缺陷的存在及截面太厚,也很难改变铸件中心区域的组织。

本项目研究拟采用在铸件厂退火后,进行粗加工,然后再进行调质热处理的方法,以提高大规格 ZG20Mn 铸钢锚具的力学性能,其工艺曲线如图 3-34 和图 3-35 所示。

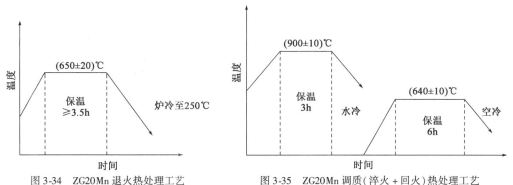

图 3-34　ZG20Mn 退火热处理工艺　　图 3-35　ZG20Mn 调质(淬火 + 回火)热处理工艺

本项目制作了 ZG20Mn 材料试块进行试验,采用退火 + 粗加工 + 调质(淬火 + 回火)热处理工艺并进行了力学性能检测和金相组织分析。根据本项目主缆锚杯结构,锚杯锥腔处最厚部位为 100mm,根据 EN1559-2 标准中相关要求,铸块尺寸定为 $t \times 3t \times 3t$(t 为构件厚度),即试块尺寸为 100mm × 300mm × 300mm,取样位置分别取 $1/4t$ 及 $1/2t$ 位置。具体取样示意图如图 3-36 所示。

①力学性能试验试验。

按照上述两个位置取样后进行拉伸试验和冲击试验。拉伸试验参照《金属材料 室温拉伸试验方法》(GB/T 228—2002),在 WDE-300 电子式万能试验机上进行拉伸试验,拉伸速度为 5mm/min,测试锚具材料的抗拉强度、屈服强度、断后伸长率和断面收缩率。冲击试验参照

《金属材料　夏比摆锤冲击试验方法》(GB/T 229—2020)，在 JB-300B 半自动冲击试验机上进行，标准冲击试样尺寸长 55mm，横截面积 10mm×10mm。拉伸试验和冲击试验原理示意图如图 3-37 所示。

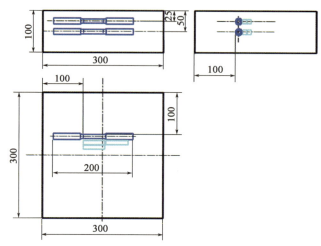

图 3-36　1/2t 及 1/4t 力学性能试样位置(尺寸单位:mm)

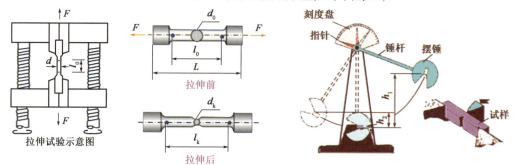

a)拉伸试验原理　　　　　　　　　　b)冲击试验原理

图 3-37　拉伸试验和冲击试验原理示意图

ZG20Mn 在 1/4t 及 1/2t 位置各取 3 组试样进行力学试验，具体检测结果见表 3-35 和表 3-36。

ZG20Mn 不同位置处的拉伸试验结果　　　　表 3-35

试　　块		屈服强度 ReH (MPa)	抗拉强度 R_m (MPa)	断裂延伸率 A(%)
《大型低合金钢铸件　技术条件》(JB/T 6402—2018)标准要求		≥300	500~650	≥22
1/4t	Ⅰ-1	389	554	26
	Ⅰ-2	395	576	25.3
	Ⅰ-3	390	571	24.9
1/2t	Ⅱ-1	320	532	22.8
	Ⅱ-2	317	525	23.5
	Ⅱ-3	319	516	23.9

ZG20Mn 不同位置处的冲击试验结果　　　　　表 3-36

取样位置	样品组编号	常温冲击功 Akv(J)			
		单个试样试验结果			平均值
1/4t	Ⅰ-1	110	87	95	97
	Ⅰ-2	108	91	85	95
	Ⅰ-3	113	85	89	96
1/2t	Ⅱ-1	120	95	92	102
	Ⅱ-2	116	92	92	100
	Ⅱ-3	123	89	91	101

注：t 为试件的厚度。

综上所述，采用铸造后去应力退火＋粗加工后的调质(淬火＋回火)处理的热处理工艺，表面位置与芯部位置的力学性能均可满足标准中相关技术要求，该热处理工艺提高了主缆锚具材质的淬透性。

②金相组织对比分析。

采用 GS-1000 直读光谱分析仪对热处理前后的试样采用蔡康 DMM-480C 光学显微镜观察显微组织，如图 3-38 所示。

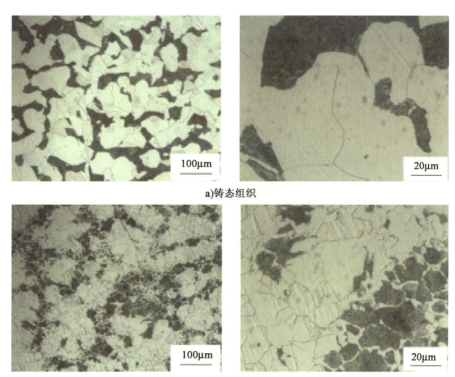

a) 铸态组织

b) 退火组织

图 3-38

 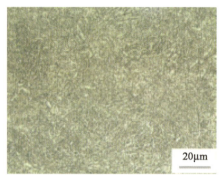

c) 调质组织

图 3-38 ZG20Mn 铸造、退火、调质状态下的组织

由图 3-38 可见,ZG20Mn 的铸态组织由铁素体+珠光体+少量魏氏组织构成,且晶粒大小不均,但由于 ZG20Mn 含碳量较低,相应的 ZG20Mn 组织中铁素体含量较高,珠光体含量较低;经整体退火处理后,晶粒得到细化,晶粒度达到 7 级,珠光体呈网状分布,且存在一定的团聚现象;调质处理后,ZG20Mn 组织由回火索氏体构成,组织较为均匀,晶粒度达到 9 级,未见其他异常组织存在。

基于以上优越性能,对于 PPWS6.0-127-2060MPa 大规格索股锚具宜选用力学性能优异、碳当量低、加工性能好的低碳合金钢 ZG20Mn,且采用铸造后去应力退火+粗加工后的调质(淬火+回火)处理的热处理工艺,保证大规格锚具的截面内综合力学性能良好且加工性能良好,可满足本项目要求。

2)索股锚具结构参数设计

锚具结构参数主要是指锚具强度、锥度、锚固长度、外形尺寸等,这些参数的确定与主缆的受力有很大关系。锚具的受力主要是指桥梁设计时主缆受到的拉力,钢丝和锚具之间的受力通过锚具内的铸体传递。锚具锚固段壁厚在满足受力的情况下,从综合成本的角度出发,最终的锚具尺寸是在考虑受力、与相关构件连接尺寸、成本、铸造加工制造等很多因素综合分析之后形成的。对于 ϕ6.0mm-2060MPa 锌铝新型多元合金镀层钢丝索股锚具,需要确定以下几个参数来决定其结构尺寸:

(1)锚具内锥腔(合金铸体)的有效长度:主要是锚具内钢丝的锚固长度应满足锌铜合金与钢丝的握裹长度的要求,同时须考虑导致钢丝数量增大的有效锚固系数。

(2)锚具内腔锥形面的母线与轴线的夹角:也称锚具内腔锥度,该角度太小,容易造成索股在顶压后的铸体的回缩值过大。

(3)锚具的平均壁厚:须满足合金铸体引起的压力在锚杯壁上产生的环向应力。

考虑到锚具索股钢丝束尾部的集束效应,按照国际惯例考虑 2/3 锥腔内的钢丝可以与锌铜合金完全接触,锚具结构中锚固段锥腔的长度不小于 400mm,锥角角度不小于 7°,锚具的壁厚不得小于 25mm。另外,锚具结构的细节设计也非常重要,如果细节设计不合理,变截面部位会出现尖角或由于圆角半径不够大而造成应力集中;而应力集中的出现最后可能导致锚具在交变应力作用下发生疲劳断裂。因此,对 $\phi 6.0\text{mm-}2060\text{MPa}$ 多元合金镀层钢丝索股锚具进行结构设计时,更应注重细节部位的处理:采用应力集中最小化的圆角过渡,且圆角半径不能太小,以降低应力集中;同时提高表面及圆角处的加工光洁度,提高表面质量系数,提高材料的抗疲劳强度,并可以有效地防止锚具在淬火过程中裂纹的产生。

(1) $\phi 6.0\text{mm-}2060\text{MPa}$ 主缆索股锚具材料(ZG20Mn)力学性能见表 3-37。

$\phi 6.0\text{mm-}2060\text{MPa}$ 主缆索股锚具材料(ZG20Mn)力学性能　　表 3-37

牌号	热处理状态	屈服强度 σ_s(MPa)	抗拉强度 σ_b(MPa)	允许拉应力 $[\sigma_l]$(MPa)	允许环向应力 $[\sigma_t]$(MPa)	伸长率 δ_5(%)	冲击吸收功 Akv(J)
ZG20Mn	调质	≥300	500~650	250	250	≥24	45

(2)锚具内锥腔(合金铸体)有效长度的确定。

为了确定不同握股长度下 2060MPa 索股的锚固长度,首先按照粘接理论计算方法确定理论锚固长度。考虑到近锚口位置的钢丝不能够充分发散,且由于索股规格较大,需要通过试验确定一个有效锚固长度系数。

合金对钢丝的黏结应力 τ_b 按照下式验算:

$$\tau_b = \frac{(\pi \div 4) \times d^2 \times \sigma_b}{K \times \pi \times d \times L_1} = \frac{d \times \sigma_b}{K \times 4 \times L_1} \leqslant [\tau_b] \tag{3-2}$$

式中:σ_b——钢丝公称抗拉强度(本试验用钢丝强度为 2060MPa);

L_1——锚杯锥体长度;

K——有效锚固长度系数,考虑到锚口位置的钢丝不能够充分发散,K 取值 2/3;

$[\tau_b]$——钢丝与锌铜合金的允许黏结力,20MPa;

d——钢丝直径。

锚具内腔锥度和壁厚按照以下公式验算。

锌铜合金锥体压缩应力(σ_c)计算:

$$\sigma_c = \frac{P_b \times \cos\beta}{A_e \times \sin(\theta + \beta)} \leqslant [\sigma_c] \tag{3-3}$$

式中:P_b——索股破断荷载;

A_e——锌铜合金锥体表面积;

θ——锌铜合金对锥体的摩擦角为 16.7°;

β——锚具锥角;

$[\sigma_c]$——锌铜合金锥体许用压缩应力,130MPa。

锚杯环向应力 σ_r 的计算:

$$\sigma_r = \sigma_c \times \frac{D_i^2 + D_j^2}{D_i^2 - D_j^2} \leqslant [\sigma_r] \tag{3-4}$$

式中：σ_c——合金锥体压缩应力；
D_i——锚杯平均外径；
D_j——锚杯平均内径；
$[\sigma_r]$——锚杯材料的许用环向应力。

根据上述锚具设计公式计算 $\phi6.0$mm-2060MPa 多元合金镀层钢丝索股的锚具尺寸及细节构造，如图3-39所示。

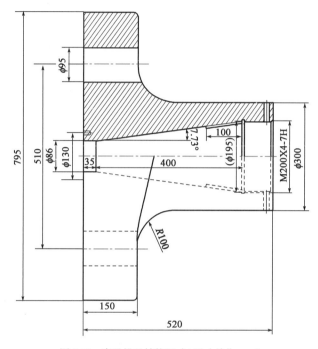

图3-39 索股锚具结构尺寸(尺寸单位：mm)

$\phi6.0$mm-2060MPa 锌-10%铝-稀土多元合金镀层钢丝索股主缆索股锚具的应力计算结果见表3-38。

索股锚具的应力计算结果　　　　表3-38

序号	项　目	计算结果(MPa)	材料的许用应力(MPa)	判　定
1	合金对钢丝的黏结应力 τ_b	11.6	20	合格
2	锌铜合金锥体压缩应力 σ_c	100	130	合格
3	锚杯环向应力 σ_r	156	250	合格

(3)索股锚具有限元分析。

为了验证 $\phi6.0$mm-2060MPa 多元合金镀层钢丝索股主缆索股锚具在主缆索股破断荷载下的空间应力分布情况，验证锚具结构设计和选材的合理性。对 ZG20Mn 材质的锚杯进行了有限元分析，利用 SOLIDWORKS 软件对 127ϕ6.0mm-2060MPa 规格的锚具(索股公称破断荷载7397kN)进行三维参数化实体建模，利用 ANSYS 软件对计算模型进行弹塑性接触有限元分析，计算接触状态及应力应变场。

整体模型、锚杯综合应力计算结果如图 3-40、图 3-41 所示。整体模型、锚杯位移计算结果如图 3-42、图 3-43 所示。

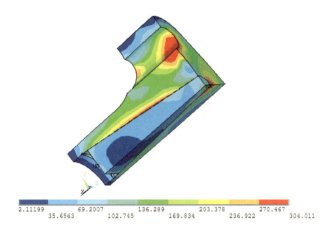

图 3-40　整体模型综合应力计算结果(单位:MPa)

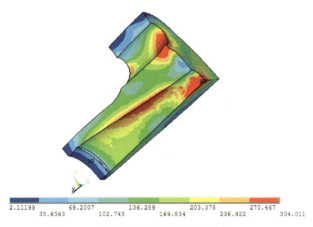

图 3-41　锚杯综合应力计算结果(单位:MPa)

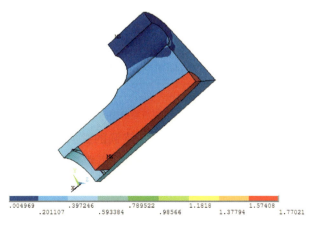

图 3-42　整体模型位移计算结果(单位:mm)

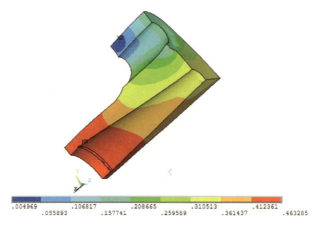

图3-43　锚杯位移计算结果(单位:mm)

在最大破断荷载下,锚具最大应力位置在锚杯内锥腔位置,除去应力集中点受力,局部应力值为230MPa左右,此应力满足材料的屈服强度要求,锚具选材及结构设计比较合理。

通过对ϕ6.0mm-2060MPa多元合金镀层钢丝索股锚具的参数:锥度、锚固长度、外形尺寸等的设计和计算,并进行有限元计算验证,解决了超大直径、超高强主缆钢丝索股锚具合理构造尺寸问题。

3)索股灌锚工艺研究

热铸锚的锚固原理是通过浇铸体的自身强度与钢丝间的黏结力,将钢索上的承载力转换到锚具上,并通过锚具与桥梁塔、梁等结构件连接。对于ϕ6.0mm-2060MPa主缆索股,随着索股直径及强度的提高,锚具长度增加,如何保证高强度主缆索股的锚固密实度和锚固可靠性是其锚固技术的关键。

锚杯铸体在浇铸过程中,液态合金充满锚具的型腔,冷却后获得符合设计要求的铸体。液态合金充型过程是铸件形成的第一个阶段,其间存在着液态合金的流动及其与铸型之间的热交换等一系列物理、化学变化,并伴随着合金的结晶现象。因此,热铸锚浇铸合金的充型能力不仅取决于浇铸合金本身的流动能力,而且受外界条件,如锚具预热温度和浇铸温度、锚具内腔结构等因素的影响。

因此,ϕ6.0mm-2060MPa多元合金镀层钢丝索股,需对以下几项灌锚工艺参数进行研究:①灌注材料研究;②锚杯预热温度控制工艺研究;③高强度主缆索股灌铸工艺温度试验研究;④锌铜合金灌锚工艺研究。

(1)灌注材料研究。

在主缆索股索体和锚具组件合格的条件下,热铸锚的锚固材料和浇铸工艺决定了热铸锚缆索的锚固可靠性。热铸锚是应用热熔合金灌铸,要求灌铸合金机械性能良好,铸造性能良好,蠕变小,对钢丝的附着性或黏结强度强,熔点较低。对于ϕ6.0mm-2060MPa大规格索股,由于其锚具比传统索股的锚具长,因此,还需浇铸合金具有很好的流动性,以保证锚具内的钢丝之间尽可能填满浇铸材料,并实现其锚固可靠性。

流动性是指液态合金的流动能力。它属于合金的固有性质,取决于合金的种类、结晶特点和其他物理性质。合金的化学成分决定了它的结晶特点,而结晶特点对流动性的影响处于支配地位。具有共晶成分的合金是在恒温下凝固的,凝固层的内表面比较光滑,对后续金属液的流动阻力较小,加之共晶成分合金的凝固温度较低,容易获得较大的过热度,故流动性好。

传统的浇铸材料是锌铜合金(成分是锌98%,铜2%),在灌铸时,合金熔液还未流到钢丝的下半部分以及渗入钢丝之间细小的缝隙里,液态合金就很快地凝固成固体了,由此导致钢丝束与合金的有效握裹长度降低,密实度达不到要求。

在锌铜合金中加一些其他合金元素可提高其综合性能,如在灌锚浇铸材料中添加铝元素,可以细化铸体晶粒,提高铸体强度,同时铝元素的添加增加了浇铸合金的流动性,便于浇铸材料在灌铸时合金熔液能流到钢丝的下半部分并充分渗入钢丝之间的细小缝隙里,提高了锚固可靠性。

国家标准《铸造用锌合金锭》(GB/T 8738—2014)中的 ZnAl6Cu1 合金中铝含量为 5.6% ~ 6.0%,其成分接近于锌-5%铝合金共晶成分,因此流动性优于传统的锌铜合金。本书锚具热铸锚浇铸材料选取 ZnAl6Cu1 锌铝铜合金。

为了验证锌铜铝合金材料的流动性能,进行两种灌注材料的对比试验,对其灌注率进行试验统计(样本数量为各 30 件),具体数据见表 3-39。

索两种灌注材料灌注率对比　　　　　　　表 3-39

类　　别	灌　注　率
锌铜合金灌注材料	93% ~ 96%
锌铝铜合金灌注材料	94% ~ 98%

由表 3-39 可知,采用锌铝铜合金灌注材料的锚杯灌注率要高于锌铜合金材料,锌铝铜合金灌注材料的流动性要优于锌铜合金。

(2)锚杯预热温度控制工艺研究。

锚杯与灌铸容器的预热是必不可少的。通过锚具与灌注容器的预热可以提高合金的流动性,使合金最大限度渗入钢丝的间隙中,把高强度主缆索股的钢丝间隙填满,保证所要求的密实度。

预热锚具型腔能减小它与金属液之间的温差,降低换热强度,从而提高金属液的充型能力。因此,预热锚具是热铸锚浇铸中必须采取的工艺措施之一。根据相关工艺试验,锚具预热温度为 200 ~ 280℃。

同时在灌锚准备和灌锚过程中,在锚杯外增加隔热保温套,防止锚杯温度的降低而影响合金的流动性,从而提高灌锚质量。

(3)高强度主缆索股钢丝灌铸工艺温度试验研究。

浇铸温度对金属液的充型能力有决定性的影响。浇铸温度提高,会使合金黏度下降,且保持流动的时间增长,故充型能力增强;反之,充型能力就会下降。对于薄壁铸件或流动性差的合金,这种通过提高浇铸温度来改善充型能力的措施,在生产中经常采用也比较方便。但是,随着浇铸温度的提高,合金的吸气、氧化现象严重,总收缩量增加,反而易产生气孔、缩孔、粘砂等缺陷,铸件结晶组织也变得粗大。因此,原则上说,在保证足够流动性的前提下,应尽可能降低浇铸温度。为了防止灌锚温度过高影响钢丝的性能,本项目浇铸温度确定为440~470℃。

(4)锌铜合金灌锚工艺研究。

传统的浇铸材料采用锌铜合金,浇铸温度为(460±10)℃,锚杯预热至(150±10)℃,主缆索股锚杯内腔和锌铜合金浇铸温度与锚杯预热温度温差都太大。ϕ6.0mm-2060MPa锌铝镁多元合金镀层钢丝是一种新型高强度耐腐蚀镀层钢丝,浇铸温度对钢丝锚固性能的影响需要通过试验进行验证。

试验钢丝共三种镀层和强度,分别为ϕ5.2mm-1860MPa镀锌钢丝、ϕ6.0mm-2060MPa锌铝镁多元合金镀层钢丝和ϕ6.0mm-1860MPa锌铝合金镀层钢丝。浇铸温度分别设置为440℃、460℃、480℃和500℃,每种温度设置5个试件。钢丝浇铸温度对比试验结果见表3-40、试验数据曲线图如图3-44所示。

钢丝浇铸温度对比试验结果　　　　表3-40

钢丝规格	试验组号	不同浇铸温度下的平均黏结强度(MPa)			
		440℃下平均黏结强度	460℃下平均黏结强度	480℃下平均黏结强度	500℃下平均黏结强度
ϕ5.2mm-1860MPa镀锌钢丝	1~4组(5根/组)	17.31	17.97	18.09	16.06
ϕ6.0mm-1860MPa锌铝合金钢丝	5~8组(5根/组)	16.72	18.19	20.73	19.79
ϕ6.0mm-2060MPa锌铝镁多元合金钢丝	9~12组(5根/组)	13.22	17.56	19.01	16.82

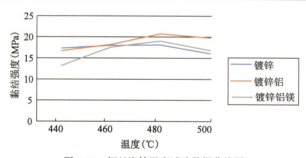

图3-44　钢丝浇铸温度试验数据曲线图

对试验数据进行分析,钢丝在480℃的浇铸温度下黏结强度最大,钢丝的锚固性能最好。

4)索股锚固性能试验

(1)ϕ6.0mm-2060MPa锌-10%铝-稀土多元合金镀层钢丝索股的单丝锚固试验。

对于单丝锚固试验,根据锌铜合金与钢丝的黏结强度的应力计算分析,取260mm和310mm钢丝锚固2个长度进行锚固试验。首先设计加工单根钢丝的锚固工装,然后采用ϕ6.0mm-2060MPa锌-10%铝-稀土多元合金镀层钢丝进行锌铝铜合金浇铸。单丝锚固工装示意图如图3-45所示。

第3章　高强耐久主缆钢丝和索股新材料

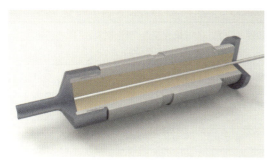 

图 3-45　单丝锚固工装示意图

拉伸试验用采用万能试验机进行,将单丝锚固试件根据盘条厂家、锚固长度及灌锚温度做好相应的标识分类,以免在试验过程中发生混淆。试验按照锚固长度从短到长分别进行试验,试验前需先在锚固工装端口位置用红色油漆笔做好标识,如图 3-46 所示。

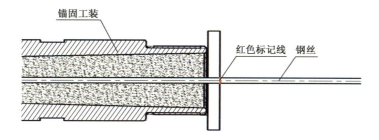

图 3-46　锚固工装端口标识示意图

将试件在试验机装夹牢靠后即可进行锚固拉伸试验。加载力为钢丝的破断荷载 2060MPa,在加载的过程中观察钢丝是否有拔出迹象,若无拔出迹象,则继续加载,直至钢丝破断。若钢丝在加载的过程中有拔出迹象,则检查量测锚固工装尾部锚铸体回缩值和钢丝的拔出量。卸载后,对试验后的锚固工装,进行剖面检查,以检查工装内锌铜合金的浇铸密实度。

单丝锚固试件拉伸试验结果见表 3-41 和表 3-42。

260mm 长度下单丝锚固试验结果　　　　　　表 3-41

试样编号	钢丝直径（mm）	最大拉力（kN）	理论拉力（kN）	最大拉力/理论拉力（%）	备　注
260-1	6	57.5	58.2	99	断裂
260-2	6	60.1	58.2	103	断裂
260-3	6	57.7	58.2	99	断裂
260-4	6	59.7	58.2	103	断裂
260-5	6	57	58.2	98	拔出
260-6	6	59.9	58.2	103	断裂
260-7	6	59.7	58.2	103	拔出
260-8	6	59	58.2	101	断裂

续上表

试样编号	钢丝直径（mm）	最大拉力（kN）	理论拉力（kN）	最大拉力/理论拉力（%）	备注
260-9	6	59.4	58.2	102	断裂
260-10	6	59.2	58.2	102	断裂
260-11	6	57.5	58.2	99	拔出
260-12	6	57.7	58.2	99	拔出

310mm 长度下单丝锚固试验结果 表 3-42

试样编号	钢丝直径（mm）	最大拉力（kN）	理论拉力（kN）	最大拉力/理论拉力（%）	备注
310-1	6	60.0	58.2	103	断裂
310-2	6	60.1	58.2	103	断裂
310-3	6	60.2	58.2	103	断裂
310-4	6	59.7	58.2	103	断裂
310-5	6	60.0	58.2	103	断裂
310-6	6	60.0	58.2	103	断裂
310-7	6	60.3	58.2	104	断裂
310-8	6	60.2	58.2	103	断裂
310-9	6	60.2	58.2	103	断裂
310-10	6	60.3	58.2	104	断裂
310-11	6	59.9	58.2	103	断裂
310-12	6	59.7	58.2	103	断裂

拉伸试验示意图如图 3-47 所示。

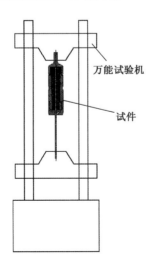

图 3-47 单丝锚固试件拉伸试验示意图

根据拉伸试验结果可以看出,在260mm的锚固长度下,在拉伸试验中,有部分钢丝在拉伸试验过程未达到公称破断荷载就出现拔出现象。在310mm的锚固长度下,在拉伸试验中,均未出现在拉伸试验过程未达到公称破断荷载就拔出的现象。根据单丝锚固试验结果,主缆锚杯有效锚固长度需满足310mm以上可有效保证锚固的可靠性。

(2)$\phi 6.0$mm-2060MPa锌铝镁多元合金镀层钢丝索股的单丝锚固试验。

根据《公路悬索桥设计规范》(JTG/T D65-05—2015)要求,单根钢丝与铸体材料在单位面积上的附着强度,无试验资料时,铸体材料为热铸料,可取$\lambda = 25$MPa。计算$\phi 5.2$mm-1860MPa镀锌钢丝的最短锚固长度为97mm,$\phi 6.0$mm-2060MPa锌铝镁多元合金镀层钢丝的最短锚固长度为124mm。对浇铸工艺中的三种镀层钢丝进行锚固长度对比试验,每种钢丝深入长度分别为100mm、120mm、140mm、160mm、180mm。每组伸入长度做5根。

单丝锚固对比试验锚具结构示意图如图3-48所示。

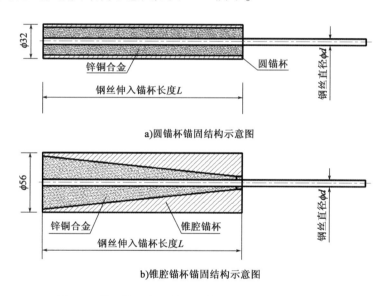

图3-48 单丝锚固对比试验锚具结构示意图(尺寸单位:mm)

钢丝强度从1860MPa上升至2060MPa,钢丝直径从5.2mm增加至6.0mm,圆锚杯+不镦头的试件逐渐不能满足锚固的要求。$\phi 6.0$mm-2060MPa锌铝镁多元合金镀层钢丝伸入长度达到180mm时,均从试验圆锚杯中拔出。伸入长度从100mm增加至180mm,$\phi 6.0$mm-2060MPa钢丝的单位面积黏结强度λ的值从23.60MPa下降至15.54MPa。

对$\phi 6.0$mm-2060MPa锌铝镁多元合金镀层钢丝增加采用锥腔锚杯的锚固试验,锥腔锚固试验钢丝分为无镦头和镦头钢丝。无镦头钢丝,在锚固长度为160mm时,逐渐出现钢丝拉断的现象,长度达到180mm,仍有部分钢丝从锥腔中拔出,单位面积黏结强度λ值从23.60MPa下降至17.47MPa。镦头钢丝在180mm的锚固长度下,能将钢丝全部拉断。

参考《公路悬索桥设计规范》(JTG/T D65-05—2015)中主缆锚杯内锚固长度计算公式:$l_{sae} \geq$

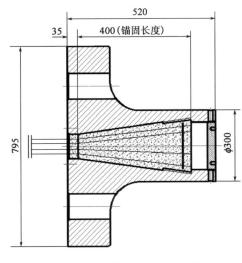

图3-49 深中通道伶仃洋大桥主缆索股锚具结构示意图

$\dfrac{0.625 f_k}{\lambda} d$；锚杯内铸体有效长度 $l_{sc} = \dfrac{2}{3} l_{sae}$。

圆锚杯最低有效锚固长度（$\lambda = 15.54 \text{MPa}$）：$l_{sc} = 331.4 \text{mm}$；

锥腔锚杯最低有效锚固长度（$\lambda = 17.47 \text{MPa}$）：$l_{sc} = 294.8 \text{mm}$；

伶仃洋大桥主缆索股最低有效锚固长度：$l_{sc} = 2/3 \times 400 = 266.7 \text{mm}$（400mm为设计锚固长度），如图3-49所示。

试验表明，2060MPa等级钢丝，单靠锌铜合金的黏结力不能满足锚固要求，在锥腔锚杯的作用下，锌铜合金的锥体效应产生的摩擦力也无法保证完全锚固。

锌铜合金对2060MPa等级锌铝镁多元合金镀层钢丝的锚固，除了自身的黏结力外，还需依靠合金锥体受拉前移过程中，对锚杯产生的正压力的作用，加强锚固性能，同时对锥腔内钢丝进行镦头，通过黏结力+摩擦力的组合作用可完全保证2060MPa等级锌铝镁多元合金镀层钢丝的锚固性能。

(3) 127ϕ6.0mm-2060MPa锌-10%铝-稀土多元合金镀层钢丝索股的锚固性能试验研究。

根据单丝锚固结果并结合理论验算及有限元分析，最终确定试验索股锚具内锥腔长度为400mm，锥腔大、小端口直径分别为195mm、88mm。试验索股锚具灌锚材料为ZnAl6Cu1锌铝铜合金，锚具预热温度为200~280℃，浇铸温度确定为440~470℃。

①锚固性能试验索股概况。

本次试验索股制作同深中通道主缆索股，由127根强度等级2060MPa、直径6.0mm的锌-10%铝-稀土合金镀层钢丝制作而成，主缆索股公称破断7397kN，试验索每根净长不小于3.5m，数量为9根。

②索股锚固性能试验要求。

a. 主缆索股的静载极限荷载应不小于组成主缆索股的钢丝公称破断总荷载的95%，且至少断2丝以上。

b. 主缆索股的破坏形式应在两锚头之间拉断，而不是钢丝被从锚具中拔出。

c. 试验后的索股锚头，进行剖面检查，以检查锚杯内浇注合金的浇铸密实度。

③索股锚固性能试验过程及结果。

试验在试验台架上进行，分级加载，加载速度不大于100MPa/min，荷载测量精度不低于2%。

加载前在锚杯的端口处取不在同一直线上的三个点，用深度游标卡尺测量合金面距端面的深度,做好记录和红漆标记,深度游标卡尺的精度不低于0.02mm。

正式试验前先做预加载,开始是分级加载,每级为$0.1P_b$(P_b为索股标称破断荷载),每级加载后均保持5min,加载至$0.6P_b$后保持10min,再卸载至$0.1P_b$,复测三点标记的深度。取其前后差的平均值作为锚杯受力铸体材料的回缩值。

由$0.1P_b$开始,每级$0.1P_b$,逐级加载至$0.8P_b$,保持5min后测量相应的索股长,索股长以毫米(mm)计。载荷达到$0.8P_b$后保持1h,继续加载,每级$0.05P_b$并逐级保持5min,测量相应的试验索股长度,持续加载直至破断。当加载至载荷值P_b时,在此过程中索股钢丝可能会产生破断,应注意观察和记录断丝情况,其最高载荷值即为静载破断载荷。测量该载荷下的试验索股长度和铸体材料的回缩值。

试验照片如图3-50所示。

图3-50 127ϕ6.0mm-2060MPa 锌-10%铝-稀土多元合金镀层钢丝索股锚固性能试验

9根主缆索股的锚固性能试验结果见表3-43~表3-45。

127ϕ6.0mm-2060MPa 锌-10%铝-稀土多元合金镀层钢丝索股锚固性能试验结果(一)

表3-43

类别	标准要求	SZZLJZ-1	SZZLJZ-2	SZZLJZ-3	结果判定
试验最大载荷 P_b(kN)	≥7027kN (95%P_b)	7679kN (103.8%P_b)	7674kN (103.7%P_b)	7675kN (103.8%P_b)	满足标准要求
静载试验总伸长量(mm)	—	241	239	257	—
试验索弹性模量(MPa)	≥1.9×10^5	2.02×10^5	2.00×10^5	2.00×10^5	满足标准要求
伸长率(%)	≥2	5.4	5.3	5.7	满足标准要求
试验索断丝情况	—	断2丝	断3丝	断2丝	—

续上表

类别	标准要求	SZZLJZ-1	SZZLJZ-2	SZZLJZ-3	结果判定
试验索锚具情况	锚具无异常	锚具无异常	锚具无异常	锚具无异常	满足标准要求
剖面检查情况	合金灌注致密无气孔	合金灌注致密无气孔	合金灌注致密无气孔	合金灌注致密无气孔	满足标准要求

127ϕ6.0mm-2060MPa 锌-10%铝-稀土多元合金镀层钢丝索股锚固性能试验结果(二)

表3-44

类别	标准要求	SZZLJZ-4	SZZLJZ-5	SZZLJZ-6	结果判定
试验最大载荷 P_b(kN)	≥7027kN (95%P_b)	7693kN (104%P_b)	7695kN (104%P_b)	7654kN (103.5%P_b)	满足标准要求
静载试验总伸长量(mm)	—	242	243	239	—
试验索弹性模量(MPa)	≥1.9×10^5	1.99×10^5	2.02×10^5	1.99×10^5	满足标准要求
伸长率(%)	≥2	5.4	5.4	5.3	满足标准要求
试验索断丝情况	—	断2丝	断2丝	断2丝	—
试验索锚具情况	锚具无异常	锚具无异常	锚具无异常	锚具无异常	满足标准要求
剖面检查情况	合金灌注致密无气孔	合金灌注致密无气孔	合金灌注致密无气孔	合金灌注致密无气孔	满足标准要求

127ϕ6.0mm-2060MPa 锌-10%铝-稀土多元合金镀层钢丝索股锚固性能试验结果(三)

表3-45

类别	标准要求	SZZLJZ-7	SZZLJZ-8	SZZLJZ-9	结果判定
试验最大载荷 P_b(kN)	≥7027kN (95%P_b)	7251.1kN (98%P_b)	7200.9kN (97%P_b)	7372.3kN (100%P_b)	满足标准要求
静载试验总伸长量(mm)	—	163.5	201	197.5	—
试验索弹性模量(MPa)	≥1.9×10^5	2.00×10^5	2.00×10^5	2.01×10^5	满足标准要求
伸长率(%)	≥2	3.63	4.36	4.3	满足标准要求
试验索断丝情况	—	断0丝	断1丝	断3丝	—

续上表

类别	标准要求	SZZLJZ-7	SZZLJZ-8	SZZLJZ-9	结果判定
试验索锚具情况	锚具无异常	锚具无异常	锚具无异常	锚具无异常	满足标准要求
剖面检查情况	合金灌注致密无气孔	合金灌注致密无气孔	合金灌注致密无气孔	合金灌注致密无气孔	满足标准要求

根据上述9根索股锚固试验结果可知,索股试验荷载锚具均大于主缆索股公称破断总荷载的95%,锚具无异常,铸体解剖后合金灌注致密无气孔。

(4)127ϕ6.0mm-2060MPa锌铝镁多元合金镀层钢丝索股的锚固性能试验研究。

根据单丝锚固结果并结合理论验算及有限元分析,确定试验索股制锚工艺,试验索股锚具灌锚材料为锌铜合金,锚具预热温度为(150±10)℃,浇铸温度确定为(480±10)℃。

①锚固性能试验索股概况。

本次试验索股制作同深中通道主缆索股,由127根强度等级2060MPa、直径6mm的锌铝镁合金镀层钢丝制作而成,主缆索股公称破断力7397kN,试验索每根净长为4.5m,数量为6根。

②索股锚固性能试验要求。

a. 主缆索股的静载极限荷载应不小于组成主缆索股的钢丝公称破断总荷载的95%,且至少断2丝。

b. 主缆索股的破坏形式应在两锚头之间拉断,而不是钢丝被从锚具中拔出。

c. 对试验后的索股锚头进行剖面检查,以检查锚杯内浇注合金的浇铸密实度。

③索股锚固性能试验过程及结果。

试验在试验台架上进行,分级加载,加载速度不大于100MPa/min,荷载测量精度不低于2%。

加载前在锚杯的端口处取不在同一直线上的三个点,用深度游标卡尺测量合金面距端面的深度,做好记录和红漆标记,深度游标卡尺的精度不低于0.02mm。

正式试验前先做预加载,由$0.1P_b$开始,每级$0.1P_b$,持荷5min,加载速度不大于100MPa/min;逐级加载到$0.6P_b$,持荷10min后卸载至$0.1P_b$,复测三点标记的深度。取其前后差的平均值作为铸体材料的回缩值。

由$0.1P_b$开始,每级$0.1P_b$,持荷5min后,测量每级索股长变化,索股长以毫米(mm)计。逐级加载至$0.8P_b$,持荷30min后继续加载,每级$0.05P_b$,持荷5min后量测每级的索股长变化,持续加载直至破断。当加载至载荷值P_b时,在此过程中索股钢丝可能会产生破断,应注意观察和记录断丝情况,其最高载荷值即为静载破断载荷。测量该载荷下的试验索股长度和铸体材料的回缩值。

试验照片如图3-51所示。

图 3-51　127φ6.0mm-2060MPa 锌铝镁多元合金镀层钢丝索股锚固性能试验

6 根主缆索股的锚固性能试验结果见表 3-46、表 3-47。

127φ6.0mm-2060MPa 主缆索股锚固性能试验结果（一）　　表 3-46

类别	标准要求	SZZL-JZ1	SZZL-JZ2	SZZL-JZ3	结果判定
试验最大载荷 P_b(kN)	≥7027kN（95%P_b）	7711kN（104.2%P_b）	7631kN（103.2%P_b）	7687kN（103.9%P_b）	满足标准要求
静载试验总伸长量(mm)	—	241	239	257	—
试验索弹性模量(MPa)	≥1.9×10^5	2.01×10^5	2.06×10^5	2.02×10^5	满足标准要求
伸长率(%)	≥2	5.4	5.3	5.7	满足标准要求
试验索断丝情况	—	断2丝	断2丝	断2丝	—
试验索锚具情况	锚具无异常	锚具无异常	锚具无异常	锚具无异常	满足标准要求
剖面检查情况	合金灌注致密无气孔	合金灌注致密无气孔	合金灌注致密无气孔	合金灌注致密无气孔	满足标准要求

127φ6.0mm-2060MPa 主缆索股锚固性能试验结果（二）　　表 3-47

类别	标准要求	SZZL-JZ31	SZZL-JZ4	SZZL-JZ5	结果判定
试验最大载荷 P_b(kN)	≥7027kN（95%P_b）	7637kN（103.2%P_b）	7664kN（103.6%P_b）	7666kN（103.6%P_b）	满足标准要求
静载试验总伸长量(mm)	—	242	243	239	—
试验索弹性模量(MPa)	≥1.9×10^5	2.01×10^5	2.04×10^5	2.01×10^5	满足标准要求
伸长率(%)	≥2	5.4	5.4	5.3	满足标准要求
试验索断丝情况	—	断2丝	断3丝	断2丝	—

续上表

类别	标准要求	SZZL-JZ31	SZZL-JZ4	SZZL-JZ5	结果判定
试验索锚具情况	锚具无异常	锚具无异常	锚具无异常	锚具无异常	满足标准要求
剖面检查情况	合金灌注致密无气孔	合金灌注致密无气孔	合金灌注致密无气孔	合金灌注致密无气孔	满足标准要求

静载试验后试验索锚固铸体剖面如图 3-52 所示。

图 3-52 静载试验索锚固铸体剖面

根据上述 6 根索股锚固试验结果：锚板回缩值、弹性模量、伸长率和索股断丝位置均满足试验要求，锚具无异常，铸体解剖后锌铜合金浇铸密实无气孔，索股试验破断载荷均在 100% 以上，具有一定的富余量。

3.3.2 新型多元合金超高强度热镀钢丝索股抗疲劳性能研究

大跨径悬索桥主缆的发展趋势是采用强度更高、性能更好的材料。传统的疲劳强度设计方法假定材料的初始状态是连续体，是以材料内部没有初始缺陷为前提，经过一定的应力循环次数后，由于材料的损伤累积，才形成了裂纹。随着材料强度的提高，对裂纹损伤更加敏感，更加容易形成应力集中点，因此，需要对其抗疲劳性能进行深入研究。

当材料或结构受到多次重复变化的载荷作用后，应力值虽然始终没有超过材料的强度极限，甚至在比弹性极限还低的情况下就可能发生破坏。这种在交变载荷持续作用下材料或结构的破坏现象，称之为疲劳破坏。疲劳破坏实际上是疲劳损伤趋于某个临界值的累积过程，当损伤累积到临界值时，材料发生疲劳破坏。材料的疲劳曲线按其破坏的循环周期一般分为高周疲劳和低周疲劳。当疲劳循环次数 $N<10^4$ 时，应力幅值水平较高，处于该寿命区的疲劳就是低周疲劳。而一般认为 $N>10^5$ 时，应力幅值水平较低，位于疲劳极限附近，此时的疲劳属于高周疲劳。高周疲劳应力水平一般比较低，材料是在弹性范围内工作，在这个区域应力与应变成正比，材料对交变应力的抗力一致。

悬索桥主缆安全系数在 2.3 以上，应力水平较低，在钢丝的弹性范围内工作，循环次数一般在 200 万次以上，属于高周疲劳问题。但桥梁缆索的疲劳研究是一个涵盖结构、力学、材料的交叉学科。目前确定构件疲劳寿命的方法主要有两类：一类是试验法；另一类是科学疲劳寿命分析法。试验法是传统方法，也是最可靠的方法，它直接通过疲劳试验来获得所需要的疲劳数据。为了掌握 φ6.0mm-2060MPa 多元合金镀层钢丝索股抗疲劳性能，采用了模拟实索的实验室疲劳试验法进行索股疲劳性能试验研究。

1）疲劳试验要求以及试验装置

试验索规格为 PPWS6.0-127，钢丝强度为 2060MPa，公称破断力 7397kN，试验索每根净长不小于 3.5m，公称破断索力 P_b 为 7397kN。试验索数量为 5 根，其中锌-10％铝-稀土多元合金镀层钢丝索股 3 根，锌铝镁多元合金镀层钢丝索股 2 根。

抗疲劳应力上限不小于 40％抗拉强度，应力幅值不小于 200MPa，疲劳加载次数不小于 200 万次。其中 1 根试验索疲劳循环次数在 200 万次基础上提高到 250 万次。疲劳试验后进行不小于 95％抗拉强度的轴向拉力试验。疲劳试验装置如图 3-53 所示。

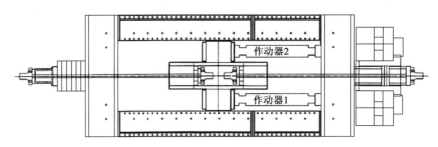

图 3-53 疲劳试验装置示意图

2）试验过程

（1）疲劳试验之前先加 $0.5P_b$ 的静载并持荷 10min 卸载，测量铸体回缩值。

（2）用脉冲动荷载加载，上限荷载为 $0.4P_b$，应力范围为 200MPa，加载频率不大于 8Hz；在 $2×10^6$ 次循环脉冲加载后，试验过程中观测试件状况，如有异常现象发生，应记录发生异常的位置、现象及当时的脉冲计数。

（3）疲劳试验在 6000t 缆索试验系统上安装试验，采用 1500kN 作动器进行循环加载，试验过程如图 3-54、图 3-55 所示。

主缆索股的疲劳性能试验结果见表 3-48、表 3-49。

主缆索股疲劳性能试验结果　　　　　　　表 3-48

项　目	参　数			备注
	SZZL-PL1		SZZL-PL2	
	200 万次	250 万次	200 万次	
疲劳载荷上限 F_{max}	2959kN	2959kN	2959kN	—
疲劳载荷下限 F_{min}	2241kN	2241kN	2241kN	—

续上表

项 目	参　　数			备注
	SZZL-PL1		SZZL-PL2	
	200 万次	250 万次	200 万次	
平均载荷 F	2600kN	2600kN	2600kN	—
$\Delta F = 1/2(F_{max} - F_{min})$	359kN	359kN	359kN	—
试验频率	1.2Hz	1.5Hz	1.0Hz	正弦波
应力幅值 $\Delta\sigma$	200MPa	200MPa	200MPa	
疲劳次数	2000040 次	2500061 次	2001039 次	
断丝率	未见断丝	断 1 丝(200 万次后)	断 1 丝	
锚具情况	无损伤	无损伤	无损伤	

图 3-54　主缆索股疲劳试验

图 3-55　主缆索股 200 万次疲劳试验后的轴向拉伸试验

主缆索股疲劳后静载试验结果　　　　　　表 3-49

项 目	参　　数			备注
	SZZL-PL1（B92SiQL）		SZZL-PL2（PQS92Si）	
	200 万次	250 万次	200 万次	
静载试验最大载荷	—	7109kN （96.1% P_b）	7109kN （96.1% P_b）	7027kN （95% P_b）
断丝率	—	无新增断丝	无新增断丝	—
锚具情况	—	无损伤	无损伤	—

疲劳试验后对钢丝进行了剖面检查,检查结果为合金灌注致密无气孔,具体如图 3-56 所示。

3) 疲劳试验后钢丝的力学性能检测

为了进一步研究疲劳试验后钢丝的性能,在完成疲劳试验后的索股中取 24 根钢丝进行力学性能检测,包括抗拉强度、屈服强度、弹性模量和伸长率等指标,具体取样位置和检测结果如图 3-57、表 3-50 所示。

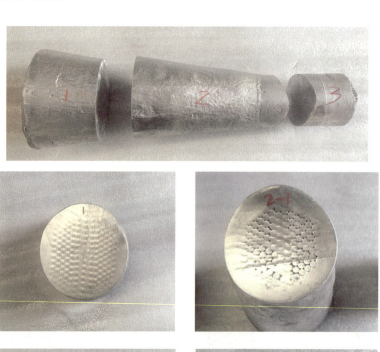

图 3-56 疲劳试验后的铸体解剖情况

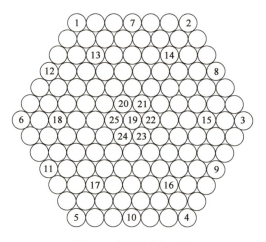

图 3-57 钢丝取样位置图

疲劳试验后钢丝主要力学性能检测结果　　　　　表3-50

钢丝编号	直径（mm）	圆度（mm）	抗拉强度（MPa）	屈服强度（MPa）	弹性模量（×10⁵MPa）	伸长率（%）	缠绕	弯曲（次）	扭转（次）	附着性
1	6.03	0.03	2133	2005	2.05	5.0	合格	6	31	合格
2	6.04	0.01	2137	2025	2.09	5.0	合格	7	33	合格
3	6.03	0.04	2134	2007	2.04	5.0	合格	6	32	合格
4	6.03	0.01	2135	1993	2.07	5.5	合格	7	32	合格
5	6.04	0.04	2108	1972	2.07	4.5	合格	7	31	合格
6	6.05	0.03	2121	1996	2.07	5.0	合格	6	32	合格
7	6.06	0.02	2144	2016	2.08	5.0	合格	6	31	合格
8	6.03	0.01	2112	2006	2.05	5.0	合格	6	32	合格
9	6.03	0.02	2132	2001	2.09	5.0	合格	6	32	合格
10	6.02	0.02	2123	1993	2.08	5.0	合格	7	32	合格
11	6.04	0.01	2146	2018	2.08	5.0	合格	6	29	合格
12	6.02	0.03	2111	1985	2.09	5.0	合格	7	31	合格
13	6.04	0.01	2152	2027	2.08	5.0	合格	8	32	合格
14	6.02	0.02	2155	2041	2.07	5.0	合格	6	34	合格
15	6.04	0.04	2143	2008	2.07	5.0	合格	6	33	合格
16	6.03	0.03	2135	1998	2.09	5.0	合格	7	32	合格
17	6.02	0.02	2134	1987	2.08	5.0	合格	6	31	合格
18	6.04	0.03	2144	2005	2.08	5.0	合格	8	31	合格
19	6.04	0.02	2133	2009	2.07	5.0	合格	7	30	合格
20	6.03	0.02	2122	2006	2.09	5.0	合格	6	31	合格
21	6.04	0.03	2121	1993	2.08	5.0	合格	8	33	合格
22	6.04	0.02	2124	1986	2.06	5.0	合格	5	32	合格
23	6.02	0.01	2102	1968	2.08	5.0	合格	6	32	合格
24	6.03	0.02	2118	1984	2.09	5.0	合格	7	30	合格

4）索股疲劳试验结论

(1) 4根索股通过应力上限载荷为2959kN($0.4P_b$)、应力幅值为200MPa的200万次循环加载疲劳试验，其中1根索股断1丝，其余无断丝，铸体及锚具无异常。

(2) 1根索股通过应力上限载荷为2959kN、应力幅值为200MPa的250万次循环加载疲劳试验，200万次无断丝，200万次后断1丝，铸体及锚具无异常。

(3) 完成200万次疲劳试验后再进行$0.95P_b$的轴向拉伸试验，试验最大载荷为7027kN（$0.95P_b$），无断丝，两端锚具无异常。

(4) 疲劳试验后对钢丝进行力学性能检测，钢丝抗拉强度、屈服强度、弯曲及扭转等主要性能无异常。

(5) 本试验研究索股的抗疲劳性能指标高于本项目相关要求。

3.3.3 新型多元合金超高强度热镀钢丝索股抗滑移试验研究

悬索桥结构桥面和交通活载通过吊索传递至主缆,其中索夹抗滑移力是保证载荷有效传递的关键。锌-10%铝-稀土和锌铝镁多元合金镀层钢丝作为缆索用新材料,通过在成缆状态下对缩比例的锌-10%铝-稀土(锌铝镁)多元合金镀层钢丝及锌铝合金镀层钢丝主缆上装配索夹进行抗滑移对比试验,测试两种钢丝镀层试验索在相同试验条件下的抗滑移性能。对两种镀层钢丝试验索的最大抗滑移力数值进行对比,为工程应用提供参考依据。

1)抗滑移试验概述

深中通道悬索桥主缆索夹内直径1053mm(18%空隙率),本次索股抗滑移试验分别采用1根50股、2根40股、2根22股的PPWS6.0-127索股缩尺模型。本次试验共制作模型主缆5根,紧缆后主缆为圆形。三种镀层钢丝主缆滑移试验参数见表3-51。主缆缩尺模型示意图如图3-58所示。

三种镀层钢丝主缆滑移试验参数表　　表3-51

	规格	φ6.0mm×127×40股	φ6.0mm×127×40股	φ6.0mm×127×50股	φ6.0mm×127×22股	φ6.0mm×127×22股
试验主缆	数量(根)	1	1	1	1	1
	钢丝镀层	锌-10%铝-稀土多元合金	锌铝合金	锌铝镁多元合金	锌铝镁多元合金	锌铝合金
	索夹内直径(mm)	472(空隙率为18%)	472.3(空隙率为18%)	528(空隙率为18%)	350.2(空隙率为18%)	350.2(空隙率为18%)
	索夹外直径(mm)	480(空隙率为20%)	480(空隙率为20%)	534.6(空隙率为20%)	354.6(空隙率为20%)	354.6(空隙率为20%)
制动索夹	数量(套)	2	2	1	1	1
	螺栓数量(组)	24	24	12	12	12
试验索夹	数量(套)	1	1	1	1	1
	螺栓数量(组)	12	12	10	8	8
单根螺栓预紧力(kN)		275	275	584.6	362.5	362.5

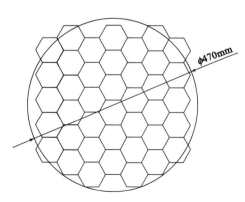

图3-58 主缆缩尺模型示意图

为了全面了解锌-5%铝合金镀层与锌-10%铝稀土(锌铝镁)多元合金镀层钢丝主缆的抗滑情况,测试以下内容:

(1)测试锌铝合金镀层(锌-5%铝合金)与新型多元合金镀层(锌-10%铝合金/锌铝镁合金)索股的极限抗滑摩阻力;

(2)测试实际试验主缆的空隙率;

(3)比较两种镀层索股的抗滑系数。

2)索夹抗滑移试验设计

试验索股长度约为7m,采用实桥索股制作,在其上安装两个制动索夹和一个试验索夹,中间安装推力千斤顶,用推力千斤顶产生的顶推力模拟索夹在主缆上的滑动力,其值由油压表测读。当顶推力逐渐增大,直至试验索夹开始滑移时的推力值,就是索夹与主缆之间的最大抗滑摩阻力。索夹抗滑移试验示意图如图 3-59 所示。

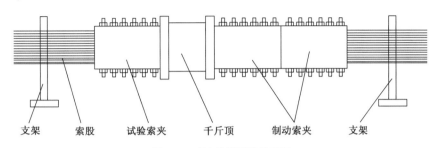

图 3-59　索夹抗滑试验示意图

本次试验采用分组测试方法:首先采用锌铝合金镀层钢丝索股组成主缆进行索夹抗滑试验,然后在同等条件下采用新型多元合金镀层钢丝索股组成主缆进行索夹抗滑试验,分别测得五组的实测摩阻系数,并比较五组实测平均摩阻系数的差异。以上两组试验过程分两个工况:

(1)在理论设计螺栓预紧力下,进行索夹摩阻系数测量。

(2)在理论设计螺栓预紧力衰减至 70% 时,进行索夹摩阻系数测量。

3)理论计算

(1)索夹夹紧力产生的理论抗滑摩阻力 F:

$$F = m\mu Q \tag{3-5}$$

式中:m——与主缆在索夹内的紧固程度及索夹内压力分布状态有关的系数,取 2.8;

　　　μ——摩阻系数(设计采用摩阻系数为 0.15);

　　　Q——索夹上螺栓总的预紧力。

$$Q = Z \times q \tag{3-6}$$

式中:q——单个螺栓的预紧力(螺栓设计预紧力为 275kN);

　　　Z——螺栓的总根数(12 根螺栓)。

$Q = Z \times q = 12 \times 275 = 3300$kN。

故理论设计抗滑摩阻力 $F = m\mu Q = 2.8 \times 0.15 \times 3300 = 1386$kN。

(2)抗滑摩阻系数 μ 的计算。

在试验中,分若干级逐渐加大顶推千斤顶的推力,同时观测试验索夹有无开始滑移的迹象。试验索夹开始滑移时的推力值,就是索夹与主缆之间实测的最大抗滑摩阻力。

根据式(3-4),可以推导出:

$$\mu = \frac{F}{mQ} \tag{3-7}$$

由此,计算出理论的锌-5%铝合金钢丝和锌-10%铝稀土(锌铝镁)多元合金镀层钢丝抗滑摩阻系数 μ 值。

(3)索夹空隙率计算。

$$\gamma = \left(1 - \frac{A}{A'}\right) \times 100\% \tag{3-8}$$

式中:A——全部钢丝截面积($= 40 \times 127 \times 6.02 \times \pi/4 = 143633.6 \text{mm}^2$);

A'——实测主缆截面积($= \pi \times D^2/4$);

D——实测紧缆后主缆直径。

根据式(3-7),可以推导出:

$$\gamma = \left(1 - \frac{143633.6 \times 4}{\pi \times D^2}\right) \times 100\% \tag{3-9}$$

实际索夹内外空隙率测量要求为:索夹内空隙率 γ_1 采用索夹端部直径测定;索夹外空隙率 γ_2 采用距索夹端部 5cm、10cm、15cm 处的直径测定(取其平均值)。

4)抗滑试验

在试验前各项准备工作完成后,组织抗滑试验的安装和调试工作,主要内容有:安装1100t组合千斤顶;安装试验索夹和全套拉拔器;安装制动索夹和全套拉拔器。随后组织调试精密压力表和位移百分表。相关过程照片如图3-60所示。

a)组合推力千斤顶

b)试验索夹

c)锌铝合金钢丝主缆制动索夹

d)新型多元合金镀层主缆制动索夹

图 3-60

e)安装调试精密压力表　　　　　　　f)安装位移百分表

g)安装完成后主缆抗滑试验总体布置

图 3-60　抗滑试验

5）锌铝与锌-10%铝-稀土多元合金镀层钢丝主缆试验

（1）用螺栓拉拔器对制动索夹进行预紧，预紧力控制在 275kN 左右；同法预紧试验索夹，预紧力控制在 275kN 左右。

（2）用组合推力千斤顶顶推试验索夹，并逐渐加载，当推力千斤顶产生的顶推力使试验索夹发生位移时，立刻记录当时的顶推力及试验索夹的位移量，同时也记录与试验索夹相对应的精密压力表上的读数，用于计算第一次试验的 μ 值。

（3）使用钢卷尺测量主缆周长，取试验索夹端部的周长值计算紧缆后索夹内的空隙率；分别取距离试验索夹端部 5cm、10cm、15cm 处的周长平均值计算紧缆后索夹外的空隙率（图 3-61）。

a)制作5cm、10cm、15cm处标识　　　　　b)测量试验索股直径

图 3-61　制作标识与测量直径

(4)将试验分为两组,每组进行三次:

第一组:对应螺栓预紧力状态为28.0MPa(100%预紧力)。

①将螺栓预紧力油压加载至28.0MPa(图3-62)。

图3-62 将螺栓预紧力油压加载至28.0MPa

②锌铝合金试验主缆:当千斤顶顶推力达到19.0MPa时(100%预紧力下),试验索夹端百分表开始转动,试验索夹发生滑移。制动索夹端百分表未发生转动(图3-63)。

图3-63 锌铝合金试验主缆在千斤顶顶推力为19.0MPa时制动索夹端百分表无变化

③新型多元合金镀层试验主缆:当千斤顶顶推力达到19.0MPa时(100%预紧力下),试验索夹端百分表开始转动,试验索夹发生滑移。制动索夹端百分表未发生转动(图3-64)。

图3-64 新型多元合金镀层试验主缆在千斤顶顶推力为19.0MPa时制动索夹端百分表无变化

第二组:对应螺栓预紧力为 19.0MPa(70%预紧力)。
①将螺栓预紧力油压加载至 19.0MPa(图 3-65)。

图 3-65　将螺栓预紧力油压加载至 19.0MPa

②锌铝合金试验主缆:当千斤顶顶推力达到 14.5MPa 时(70%预紧力下),试验索夹端百分表开始转动,试验索夹发生滑移。制动索夹端百分表未发生转动(图 3-66)。

图 3-66　千斤顶顶推力为 14.5MPa 时制动索夹端百分表无变化

③新型多元合金镀层试验主缆:当千斤顶顶推力达到 13.0MPa 时(70%预紧力下),试验索夹端百分表开始转动,试验索夹发生滑移。制动索夹端百分表未发生转动(图 3-67)。

图 3-67　千斤顶顶推力为 13.0MPa 时制动索夹端百分表无变化

6）锌铝与锌-10％铝-稀土多元合金镀层钢丝主缆的试验结果

（1）索夹内部空隙率 γ_1。

将试验索夹加载到预紧荷载,用游标卡尺测量试验索夹端部的直径 6 次,计算索夹的内部空隙率 γ_1,计算结果见表 3-52、表 3-53。

锌铝合金镀层试验主缆内部空隙率 表 3-52

测量次数（次）	1	2	3	4	5	6
试验索夹端部直径（mm）	468.6	469.0	469.5	469.7	469.0	470.0
平均直径（mm）	469.3					
空隙率 γ_1 平均值（％）	16.96					

新型多元合金镀层试验主缆内部空隙率 表 3-53

测量次数（次）	1	2	3	4	5	6
试验索夹端部直径（mm）	470.7	470.3	469.9	469.5	469.2	469.0
平均直径（mm）	469.8					
空隙率 γ_1 平均值（％）	17.14					

（2）索夹外部空隙率 γ_2。

测量靠近试验索夹端部 5～15cm 处主缆的直径,采用游标卡尺测量 6 次,取其平均值计算索夹的外部空隙率 γ_2,计算结果见表 3-54、表 3-55。

锌铝合金镀层试验主缆外部空隙率 表 3-54

测量次数（次）		1	2	3	4	5	6
距试验索夹端部一定距离的直径（mm）	5cm	470.7	470.7	470.2	470.4	470.0	470.4
	10cm	473.3	473.0	472.0	472.5	472.7	471.0
	15cm	476.0	475.0	475.0	473.8	473.1	472.3
平均直径（mm）		473.3	472.9	472.4	472.2	471.9	471.2
外部空隙率（％）		18.36	18.22	18.05	17.98	17.88	17.63
外部空隙率平均值（％）		18.02					

新型多元合金镀层试验主缆外部空隙率 表 3-55

测量次数（次）		1	2	3	4	5	6
距试验索夹端部一定距离的直径（mm）	5cm	470.9	471.0	471.1	470.6	471.5	471.1
	10cm	473.8	474.0	474.2	474.5	472.9	473.9
	15cm	476.2	477.0	476.8	477.1	477.0	476.8
平均直径（mm）		473.6	474.0	474.0	474.1	473.8	474.0
外部空隙率（％）		18.48	18.60	18.61	18.63	18.53	18.58
外部空隙率平均值（％）		18.57					

(3)索夹抗滑摩阻系数。

试验索夹抗滑摩阻系数计算的具体数据见表3-56、表3-57。

锌铝合金镀层试验主缆索夹抗滑试验记录表　　　　表3-56

	试验组次(次)	1	2	3	4	5	6
千斤顶	组合推力千斤顶的油压读数(MPa)	18.5	18.0	18.5	14.5	14.0	14.5
	组合顶推千斤顶的顶推力(kN)	2891	2813	2891	2266	2188	2266
拉拔器	螺栓拉拔器对应油压读数(MPa)	28.0	28.0	28.0	19.5	19.5	19.5
	单根螺栓所受拉力(kN)	284	284	284	197	197	197
	螺栓数量(个)	12	12	12	12	12	12
	试验索夹所受夹紧力合计(kN)	3403	3403	3403	2366	2366	2366
	抗滑摩阻系数	0.30	0.30	0.30	0.34	0.33	0.34

新型多元合金镀层试验主缆索夹抗滑试验记录表　　　　表3-57

	试验组次(次)	1	2	3	4	5	6
千斤顶	组合推力千斤顶的油压读数(MPa)	19.0	18.5	19.0	13.0	13.0	12.5
	组合顶推千斤顶的顶推力(kN)	2969	2891	2969	2031	2031	1953
拉拔器	螺栓拉拔器对应油压读数(MPa)	28.0	28.0	28.0	19.0	19.0	19.0
	单根螺栓所受拉力(kN)	284	284	284	192	192	192
	螺栓数量(个)	12	12	12	12	12	12
	试验索夹所受夹紧力合计(kN)	3403	3403	3403	2305	2305	2305
	抗滑摩阻系数	0.31	0.30	0.31	0.31	0.31	0.30

对六次实测系数进行平均计算,测得锌铝合金镀层主缆索夹抗滑摩阻系数为:

$$\mu_1 = \frac{\mu'_1+\mu'_2+\mu'_3+\mu'_4+\mu'_5+\mu'_6}{6} = \frac{0.30+0.30+0.30+0.34+0.33+0.34}{6} \approx 0.32$$

对六次实测系数进行平均计算,测得新型多元合金镀层主缆索夹抗滑摩阻系数为:

$$\mu_2 = \frac{\mu'_1+\mu'_2+\mu'_3+\mu'_4+\mu'_5+\mu'_6}{6} = \frac{0.31+0.30+0.31+0.31+0.31+0.30}{6} \approx 0.31$$

7)锌铝与锌铝镁多元合金镀层钢丝主缆的试验过程

(1)50股主缆用6MN数显测力仪对试验端索夹施以拉力,缓慢均匀加载,直至索夹开始滑移,滑移情况用位移传感器测得。

(2)22股主缆由两台1350t千斤平行顶推试验端索夹,缓慢均匀加载,直至索夹开始滑移,直接观察试验端索夹的标记线的滑动情况。

试验部分照片如图3-68所示。

a) 锌铝镁多元合金镀层钢丝主缆(50股)滑移后照片

b) 锌铝镁多元合金镀层钢丝主缆(22股)滑移后照片

c) 锌铝合金镀层钢丝主缆(22股)滑移后照片

图 3-68　试验部分照片

8) 锌铝与锌铝镁多元合金镀层钢丝主缆的试验结果

主缆抗滑移性能对比试验结果见表 3-58。

主缆抗滑移性能对比试验结果　　　　　　　表 3-58

组别	钢丝镀层	主缆试件规格	螺栓总夹紧力(kN)	试验抗滑移力(kN)	摩擦系数
1	锌铝镁多元合金	φ6.0mm×127×50 股	5846	4296	0.26
2	锌铝镁多元合金	φ6.0mm×127×22 股	2900	1874	0.23
3	锌铝合金	φ6.0mm×127×22 股	2900	1974	0.24

9) 试验结论

(1) 锌-5%铝合金镀层试验主缆索夹内空隙率16.96%, 索夹外空隙率18.02%; 锌-10%铝稀土多元合金镀层试验主缆索夹内空隙率17.14%, 索夹外空隙率18.57%。

(2) 锌-5%铝合金镀层钢丝测得的摩阻系数为0.29~0.32; 锌-10%铝稀土多元合金镀层钢丝测得的摩阻系数为0.30~0.31。

(3) 锌铝合金镀层钢丝测得的摩阻系数为0.24~0.26; 锌铝镁多元合金镀层钢丝测得的摩阻系数为0.23。

(4)通过两组实际等模型抗滑试验结果可以看出,锌-5%铝合金镀层钢丝主缆的索夹摩阻系数与锌-10%铝稀土多元合金镀层钢丝主缆的基本一致。

3.4 本章小结

本章针对深中通道项目用新型锌基多元合金2060MPa超高强度主缆钢丝及索股关键技术进行了一系列研究。通过盘条前处理、钢丝拉拔、热镀和稳定化处理技术等研究,首次开发出ϕ6.0mm-2060MPa锌铝新型多元合金镀层钢丝;通过ϕ6.0mm-2060MPa新型多元合金镀层钢丝主缆索股锚固技术、抗疲劳性能和索抗滑移性能的研究,首次开发出悬索桥用ϕ6.0mm-2060MPa新型多元合金镀层钢丝索股。以上两项产品通过了江苏省工业和信息化厅、上海市科技咨询服务中心和上海市工程师学会新产品鉴定,且具备批量化生产条件。最终得出研究结论如下:

(1)完成了盘条(原材料)选型、钢丝拉拔过程、热镀过程和稳定化处理过程的钢丝试验研究,研究了各阶段ϕ6.0mm-2060MPa新型锌基多元合金镀层钢丝的性能影响。采用含碳量为0.90%以上、大方坯连铸开坯热轧以及经索氏体化处理的高碳钢、高性能盘条是保证ϕ6.0mm-2060MPa悬索桥主缆索股用钢丝综合性能优良的基础。

(2)掌握了ϕ6.0mm-2060MPa锌铝合金镀层钢丝在各生产工序中的性能变化规律,并制定合理的生产工艺参数,包括合理的酸洗工艺、新型磷化处理,多道模连续拉拔工艺和复合无接触抹拭方式。开发出ϕ6.0mm-2060MPa锌铝合金镀层钢丝,其具有以下性能:大直径[ϕ(6.0±0.06)mm]、超高抗拉强度(2060MPa以上)、扭转次数≥12次,抗疲劳性能好,在应力上限为0.45σ_b、应力幅410MPa的条件下,循环200万次钢丝不断裂、镀层质量高、直线性好的锌铝合金镀层钢丝的制作工艺,成功解决了高强度、高性能锌铝合金镀层钢丝的同卷质量稳定性问题。开发的新型多元合金镀层钢丝的抗盐雾腐蚀性能可达热镀锌钢丝的3倍以上,实现了批量化生产,满足超大跨径悬索桥工程使用要求。

(3)通过对悬索桥主缆用ϕ6.0mm-2060MPa新型多元合金镀层钢丝索股锚固技术的研究,确定ZG20Mn材料和锚具结构尺寸、热处理加工工艺可满足悬索桥主缆用ϕ6.0mm-2060MPa新型多元合金镀层钢丝索股的要求。

(4)在国内首次提出了锌铝铜合金灌注材料及相关灌锚工艺,实现了悬索桥主缆用ϕ6.0mm-2060MPa新型多元合金镀层钢丝索股的锚固可靠性;试制出的悬索桥主缆用ϕ6.0mm-2060MPa新型多元合金镀层钢丝索股均通过了破断力达到公称破断荷载的95%以上的静载性能(锚固性能)试验,满足设计及规范相关要求。

(5)试制出的悬索桥主缆用ϕ6.0mm-2060MPa锌-10%铝-稀土多元合金镀层钢丝索股经过200万次疲劳试验后,锚具及铸体无异常,满足项目要求。完成200万次疲劳试验后再进行静载试验,锚具及铸体均无异常。试验结果表明,研发的ϕ6.0mm-2060MPa锌-10%铝-

稀土多元合金镀层钢丝索股抗疲劳性优异;疲劳试验后钢丝的主要力学性能优异,远超项目要求。

(6)通过实际五组抗滑试验得出,锌-5%铝合金镀层钢丝主缆的索夹摩阻系数与锌-10%铝-稀土多元合金镀层钢丝主缆的基本一致;锌铝合金镀层钢丝主缆的索夹摩阻系数与锌铝镁多元合金镀层钢丝主缆的基本一致,满足设计及规范要求。

第4章 具有自感知、自调节、自保护功能的主缆耐久性保障技术

传统的主缆防护体系是通过对主缆外层进行密封包裹来防止水分侵入其内部,以达到防腐蚀目的,防护效果并不理想。本章重点介绍新型复合防护缠绕防护体系、主缆智慧除湿系统以及锌铝镁多元合金镀层自修复新技术,提出自感知、自调节、自保护功能的主缆耐久性保障技术。

4.1 新型复合防护缠绕防护体系

主缆传统的防护方法是涂抹防护腻子,并用缠丝缠绕,外面再涂漆进行密封保护。为达到主缆长效防腐的目的,在密封技术层面,进行大直径主缆缠丝段密封技术和主缆非缠丝段结构密封性技术研究,研究提出索夹部位内部结构、螺栓孔、索夹环缝和对接缝的密封方法,缆套的结构形式以及对接口的密封方式;优化主索鞍和散索鞍的结构形式以及锚固端的密封结构,形成大直径主缆复合防护缠绕密封防护体系。

本书基于主缆环境湿度温度的变化规律,提出新型复合防护、新型干空气系统、缆内环境监测及多元合金镀层的自修复等关键技术。

4.1.1 主缆防护区域划分

主缆防护区域按照不同特点,可以分为缠丝区、不规则区、主索鞍区域、散索鞍区域和散索区。

4.1.2 主缆缠丝区防护体系组成

近年来,新建大跨径悬索桥主缆基本都安装了主缆除湿系统,主缆除湿技术在逐步发展,制约主缆除湿技术发展的主因是主缆系统的密封防护效果。针对主缆不规整区域的防护方案采用的都是三胶两布,然后外面采用缆套的防护方案。针对主缆的缠丝区域,目前主要有两种方案。

1)主缆缠包带(S形或圆形缠绕钢丝 + 缠包带)防护方案(表4-1、图4-1)

该方案的密封防护机理是:氯磺化聚乙烯缠包带具有优良的抗撕裂强度与硫化密封性能,能起到密封防护的作用,但缺少阴极保护作用,与缠绕钢丝间也无化学键结合。氯磺化聚乙烯自身的耐候性能、耐污性能也需不断提升。

悬索桥主缆缠包带防护方案　　　　　　　表4-1

序号	部位	防护方案	干膜厚度（μm）	施工工序
1	主缆钢丝外表面	无	无	缺陷修补,表面清理
2	缠丝外表面	氯磺化聚乙烯缠包带	2300	缠带施工,加热硫化

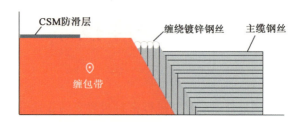

图4-1　悬索桥主缆缠包带防护方案结构图

2）主缆密封胶（S形缠丝＋硫化型橡胶密封剂＋高耐候面漆）防护方案（表4-2、图4-2）

本方案包含了富锌底漆的阴极保护作用,硫化型橡胶密封剂具有超强的黏附强度,可紧紧硫化在缠绕钢丝表面,形成化学键结合力。高耐候面漆一般选择自清洁型氟碳面漆,具有优良的耐候性、耐污性和美观性。本方案是一个兼具阴极保护、化学键结合、优良耐候性能的复合技术方案。

悬索桥主缆密封胶防护方案　　　　　　　表4-2

序号	部位	防护方案	设计厚度（μm）	施工工序
1	主缆钢丝外表面	无（或镀锌件专用底漆）	0（或40）	缺陷修补,表面清理
2	缠丝外表面	镀锌件专用底漆	40	缺陷修补,表面清理,涂料施工
		硫化型橡胶密封剂	2500	硫化型橡胶密封剂刮涂
		高耐候面漆	60～80	涂料施工

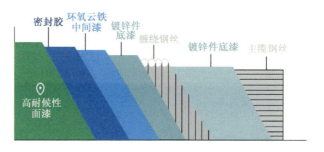

图4-2　悬索桥主缆密封胶防护方案结构图

通过上述对比分析可以发现,两种方案的密封原理不同,如图4-3所示。硫化型橡胶密封胶是利用其超强的黏结强度（180°剥离强度高达10kN/m）与主缆钢丝表面紧密结合实现密封防护；而氯磺化聚乙烯缠包带是一种高韧性高密度的高分子复合材料,将其与主缆钢丝紧密贴合后加热,发生硫化反应,热熔粘接成一体。缠包带在部分区域（如进气夹附近、靠近主塔应力最大处）容易发生松垮或局部泄露；而硫化型橡胶密封剂会紧紧黏附住主缆钢丝,依靠自身的黏附力及弹性,始终与主缆钢丝随动,耐疲劳性能好。

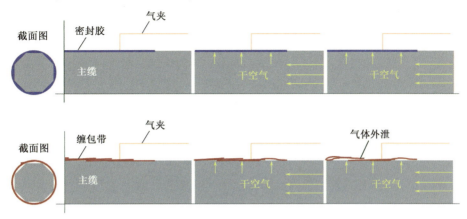

图 4-3 密封胶和缠包带密封原理示意图

4.1.3 新型阻燃防火密封一体化防护技术

由于引入了抗火的概念,因此,需要针对主缆抗火区和非抗火区进行区分。综合主缆和吊索火损计算结果,同时考虑对桥梁缆索火损事故的分析,提出抗火防护方案。

令主缆和吊索防护高度均为15m。即就缆索抗火防护来说,距桥面15m以上区域内缆索不需要额外覆裹防护材料,就能满足缆索钢丝在各类型火灾下不损伤的安全需求;距桥面15m以下区域内需在原缆索外覆裹防护材料。

考虑到主缆内部还需设置主缆除湿系统,因此使用一种复合体系:外层为阻燃耐老化,中间层为低热传导系数材料,内层为密封性好的材料的三层复合体系方案。

4.2 智慧索股自感知技术

4.2.1 智慧缆索简介

悬索桥主缆作为不可更换构件,由于缺乏有效的测量手段,对其内部温湿度演化规律一直未能获得实测数据。光纤光栅(Fiber Bragg Grating,FBG)传感器测量技术是近年来国内外大力应用的新技术。

数字钢丝是光纤光栅传感器和骨架钢丝的组合体,深中通道伶仃洋大桥的数字钢丝外径为6mm,能够在全索长范围测量温度和湿度。

智慧索股是有一根或数根数字钢丝代替高强钢丝组成的单根索股(127丝)。智慧缆索是安装有智慧索股的悬索桥主缆,能够实现通长缆索结构内部温度和湿度的准分布式监测。本项目智慧缆索的温度测量的精度为1℃,湿度测量精度为5%。

智慧索股断面如图4-4所示。

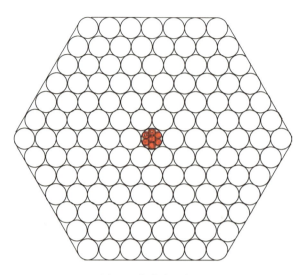

图 4-4 智慧索股断面

4.2.2 数字钢丝设计

深中通道伶仃洋大桥的数字钢丝主要由骨架钢丝、光纤光栅和不锈钢管组成,在不锈钢管上设置缺口,保证水蒸气的扩散条件。数字钢丝的外径为 6mm,与普通钢丝一致。

数字钢丝采用 1+6 绞制结构,光纤光栅传感器内置于直径 2.0mm 不锈钢管中,钢管壁厚 0.2mm,镀锌钢丝直径 2.0mm,钢丝强度 1770MPa,绞制后直径 6.0mm(图 4-5)。

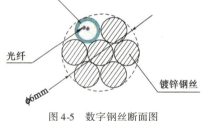

图 4-5 数字钢丝断面图

4.2.3 锚固端结构设计

深中通道伶仃洋大桥主缆通长索股采用热铸墩头锚固,锚固材料为锌铜合金。制锚时,索股锚杯需预热处理,预热温度(200±10)℃;锌铜合金浇铸时,浇铸温度为(480±10)℃,而光纤光栅的失效温度≤200℃,结合智慧索股监测温湿度的目的,需要对数字钢丝的锚固结构进行单独隔热防护设计。

综合考虑索股编丝制造、打盘运输、现场安装等各项工艺,为确保智慧索股内智慧芯的完好无损,考虑将数字钢丝结构设计布置在索股 127 丝六边形的正中位置(图 4-6)。

为了防止热铸锚的高温破坏光纤光栅传感器,在进入锚具前,将骨架钢丝和不锈钢钢管分离,钢管外包隔热材料,直通穿过锚头,其余高强钢丝固定在锚头内部。

根据张拉、静动荷载、温度等引起的变形,设计金属套管的预留量,金属套管延长到锚头外部,防止受力后锚头内部光纤外露。

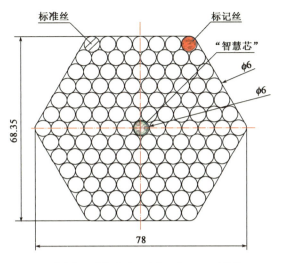

图 4-6 数字钢丝在智慧索股中布置位置(尺寸单位:mm)

4.2.4 新型智慧索股布置

考虑到工期紧张,湿度光纤光栅传感器的制造和检测较困难,只能满足单根主缆的布置方式,故采用"1+3"的横截面布置方式。

结合主缆的施工工艺情况,考虑到1号索为基准索股,主缆紧缆时会将外圈1~2层索股打散,易造成数字钢丝损坏,因此,综合考虑智慧索股及传感器布置方式如下:①每个横截面4根智慧索股[1根中心索股(100号)+3根索股(38号、42号、175号)];②长度方向每1m布置一个传感器。智慧索股布置如图4-7所示。

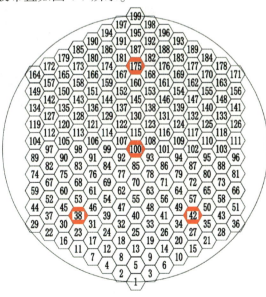

图 4-7 智慧索股布置
注:深色位置为智慧索股位置。

数字钢丝捻角与钢丝绳捻角相似,一般为10°~18°。深中通道伶仃洋大桥的索股长度为3006m,为保证智慧索股在制造、打盘、运输、安装和运营过程中的变形协调,考虑到预留长度(≥20m),经计算,智慧索股单根长度为3100~3200m,需要光纤25600m、传感器25600个(表4-3)。

光纤及传感器布置　　　　　　　　　　　　　　　　　　　表4-3

项目		光纤长度				传感器数量		
		单根长度（m）	单根主缆数量（个）	小计（m）	合计（m）	单根纵向布置	小计（个）	合计（个）
光纤光栅传感器（1+3）	温度光纤	3200	4	3200×4=12800	25600	1m/个（3200）	3200×4=12800	25600
	湿度光纤	3200	4	3200×4=12800		1m/个（3200）	3200×4=12800	

综合考虑各方面因素,4根智慧索股分别布设在伶仃洋大桥上游侧主缆38号、42号、100号、175号。每根智慧索股中同时含有温、湿度光纤光栅传感器,如图4-8所示,测点间距为1m/个。

图4-8　智慧索股中的温、湿度传感器

上游主缆内部4根智慧索股光纤长度与测点数量统计见表4-4。

伶仃洋大桥主缆智慧索股测点数量统计表　　　　　　　　　表4-4

传感器类型	总长度(m)	测点(光栅)数量(个)
湿度光纤光栅传感器	3200×4=12800	12800
温度光纤光栅传感器	3200×4=12800	12800

4.2.5 数据采集设备布设位置设计

智慧缆索内,温度和湿度监测光纤均为4根,长度相等。考虑数据采集的便利性,使用四通道的解调设备,配合光开关,在智慧缆索的一端即可同时采集8根光纤的测试数据。数据采集设备如图4-9所示。

图4-9 数据采集设备

结合主缆架设顺序和现场施工条件的复杂性,为保护数据采集设备与智慧索股,在38号或42号索股安装到位后,即可进行智慧索股数据采集。数据采集设备布置在前锚面下方平台位置,通过一根长跳线与智慧索股锚头后面接头连接,实现数据的实时采集,并经无线终端发送至后场,进行数据处理。

4.2.6 智慧缆索安装

4.2.6.1 智慧索股锚头挂设

深中通道伶仃洋大桥智慧索股质量约85t,首先用100t十字吊梁将索股吊入100t放索架,利用起重机将前端锚头(放索侧对岸锚头)牵出,用专用连接器将其与牵引系统拽拉器连接,检查拽拉器倾斜情况并调整好平衡锤,以保持牵引过程中拽拉器的平衡。然后,启动主牵引卷扬机进行索股牵引作业。

由于智慧索股锚头位置比常规索股锚头多了接线盒构造,故需采用"专用连接器"保证在牵索过程中接线盒不会受到扰动。

4.2.6.2 智慧索股牵引

为加强牵引过程对数字钢丝的保护,建议通过增大塔顶滚托曲率半径、增大猫道刚度、合理设置托滚间距与托辊侧向锥角、降低牵引速度、加强人员旁站捆绑扎带等手段进一步保护智慧索股。

特别是对于牵引过程中的鼓丝问题,应采取以下措施进行预防和调整:
(1)在索股牵引过程中,严密监控,杜绝钢丝被挂拉。
(2)调整索股时,采用木槌在调整部位附近反复敲打,并用手拉葫芦适当上提索股,以减小鞍槽摩擦影响。

(3)对于锚跨的鼓丝,必须赶至边跨,并远离散索鞍,便于后期恒载增加时鼓丝的自然消除。

4.2.6.3 智慧索股入鞍

入鞍工艺由装握索器牵拉、横移、整形、敲打木楔固定四部分组成,其中装握索器牵拉与敲打木楔固定两步骤有较大外力作用在智慧索股上。经受力分析,智慧索股强度满足要求,采用常规工艺即可。

4.2.6.4 智慧索股入锚与张拉

智慧索股的入锚与张拉要做好以下几点防护,无须特殊工装及设备,采用常规工艺即可。

(1)入锚分前锚头与后锚头,均采用局部牵拉动作,过程中应注意保护接线盒,派专人看护,防止磕碰。

(2)入锚后张拉杆有较长的调节余量,接线盒不与现有锚固系统冲突。

安装完毕的智慧索股如图4-10所示。

图4-10 安装完毕的智慧索股

4.3 新型主缆内温湿度监测感知及干空气系统自调节技术

在以上智慧索股的基础上,研发主缆内部湿度环境和空气压力智能监测技术,实现大桥运营期内主缆内空气温湿度和压力的实时监测;通过空隙流流体力学方法分析主缆内部气流分布特征,提出主缆内温湿度监测点监测方案。研究主缆内干空气系统自调节技术,建立连续送干风的主缆内部除湿系统,在全桥多个进气索夹和排气索夹处分别布设温湿度仪,在进气索夹处布设压力变送器监测主缆除湿系统的送气压力,根据监测指标变化启动主缆除湿系统,通过连续地送干风进行主缆内部湿气的处理,改善主缆内部环境。

4.3.1 主缆除湿系统理论基础

1)腐蚀速度与湿度关系

当空气湿度达到100%时,能在金属表面形成肉眼可见的水膜;当空气湿度小于100%时,由于毛细凝聚、化学凝聚及吸附凝聚作用,金属表面液体可形成水膜。由于金属表面的水膜不是纯净水,因此,裸露在空气中的金属腐蚀属于电化学腐蚀。

(1)干燥大气腐蚀:空气十分干燥,金属表面不存在水膜,金属腐蚀属于常温氧化,所以非常缓慢。

(2)潮湿大气腐蚀:湿度<100%,金属表面存在不可见薄液膜,随着液膜厚度的增加,腐蚀速度加快(图4-11)。

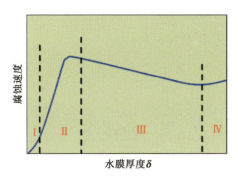

图 4-11 金属腐蚀速度与水膜厚度的关系

相对湿度是单位体积大气中含水蒸气分压与同一温度下饱和湿度时含水蒸气饱和压力的比,以百分数表示。空气湿度对金属生锈的影响是指相对湿度大小的影响,而不是绝对湿度大小的影响。因为水膜的生成是随相对湿度变化的,相对湿度甚低时,锈蚀很慢,当相对湿度逐渐增加达到一定限度时,锈蚀的速度突然上升,这个相对湿度的数值称为临界相对湿度。钢的临界相对湿度约为70%,但当空气中有污染或金属表面不洁时,此数值降低,即在较低的相对湿度下,金属就会很快腐蚀。当相对湿度低于临界湿度时,或低于65%时,无论是什么温度,金属几乎全不腐蚀;当相对湿度在临界湿度以上而金属有腐蚀时,温度每升高10℃,锈蚀的速度提高到约2倍。钢的腐蚀增重与相对湿度的关系,如图4-12所示。

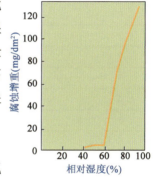

图 4-12 钢的腐蚀增重与相对湿度的关系

2) 湿空气的物理性质

平常所说的大气,从空气调节的角度上看,是由干空气和水蒸气混合而成的,称为湿空气。干空气是氮、氧、二氧化碳、氩、氖、氪、氙、氦、臭氧等组成的混合物,成分比较稳定,摩尔质量为28.96g/mol。

湿空气中水蒸气的含量很少,但它的变化能够改变湿空气的物理性质,并且能够影响环境的干湿程度以及人体的舒适度。干湿空气相关物理参数的计算见式(4-1)~式(4-3)。标准大气压(101.325kPa)下空气的主要物理性质见表4-5,其中饱和水蒸气分压力仅与温度有关,如图4-13所示。

$$\varphi = \frac{P_s}{P_b} \times 100\% \tag{4-1}$$

$$d = \frac{M_s}{M_g} \cdot \frac{P_s}{P-P_s} = \frac{0.01800}{0.02896} \cdot \frac{P_s}{P-P_s} \approx 0.622 \times \frac{P_s}{P-P_s} = 0.622 \times \frac{\varphi P_b}{P-\varphi P_b} \tag{4-2}$$

$$h = C_{pg} \cdot t + d \cdot (r_0 + C_{pv} \cdot t) \approx 1.008t + d(2500 + 1.88t) \tag{4-3}$$

式中:P_s——水蒸气的分压,Pa;

P_b——饱和水蒸气分压,Pa;

M_s——水摩尔质量,kg/mol,取 0.018kg/mol;

M_g——空气摩尔质量,kg/mol,取 0.02896kg/mol;

P——大气压力,Pa;

φ——空气相对湿度,%;

h——空气焓,kJ/kg 干空气;

C_{pg}——干空气定压比热容,kJ/(kg·℃),取 1.008kJ/(kg·℃);

t——空气温度,℃;

d——空气的含湿量,kg/kg 干空气;

r_0——0℃水蒸发潜热,kJ/kg;

C_{pv}——水蒸气定压比热容,kJ/(kg·℃),取 1.880kJ/(kg·℃)。

标准大气压(101.325kPa)下空气的主要物理性质 表4-5

温度(℃)	饱和压力(kPa)	含湿量 d(g/kg 干空气)	饱和空气焓值 H(kJ/kg 干空气)
0	0.61129	3.78	9.44
1	0.65716	4.06	11.17
2	0.70605	4.37	12.95
3	0.75813	4.69	14.78
4	0.81359	5.04	16.67
5	0.8726	5.41	18.61
6	0.93537	5.80	20.62
7	1.0021	6.22	22.69
8	1.073	6.66	24.83
9	1.1482	7.13	27.04
10	1.2281	7.63	29.33
11	1.3129	8.17	31.70
12	1.4027	8.74	34.15
13	1.4979	9.34	36.70
14	1.5988	9.98	39.34
15	1.7056	10.65	42.08
16	1.8185	11.37	44.92
17	1.938	12.13	47.88
18	2.0644	12.94	50.96
19	2.1978	13.80	54.16
20	2.3388	14.70	57.50
21	2.4877	15.66	60.97
22	2.6447	16.68	64.59

续上表

温度 (℃)	饱和压力 (kPa)	含湿量 d (g/kg 干空气)	饱和空气焓值 H (kJ/kg 干空气)
23	2.8104	17.75	68.36
24	2.985	18.89	72.29
25	3.169	20.09	76.40
26	3.3629	21.36	80.69
27	3.567	22.71	85.16
28	3.7818	24.13	89.84
29	4.0078	25.63	94.72
30	4.2455	27.21	99.83
31	4.4953	28.89	105.18
32	4.7578	30.66	110.77
33	5.0335	32.53	116.62
34	5.3229	34.50	122.75
35	5.6267	36.59	129.17
36	5.9453	38.79	135.90
37	6.2795	41.11	142.95
38	6.6298	43.57	150.34
39	6.9969	46.16	158.09
40	7.3814	48.89	166.23
41	7.784	51.78	174.77
42	8.2054	54.83	183.74
43	8.6463	58.05	193.15
44	9.1075	61.45	203.05
45	9.5898	65.05	213.46
46	10.094	68.85	224.41
47	10.62	72.86	235.91
48	11.171	77.10	248.05
49	11.745	81.59	260.81
50	12.344	86.32	274.25
51	12.97	91.34	288.44
52	13.623	96.66	303.41
53	14.303	102.27	319.19
54	15.012	108.23	335.86
55	15.752	114.54	353.50
56	16.522	121.23	372.14

续上表

温度 (℃)	饱和压力 (kPa)	含湿量 d (g/kg 干空气)	饱和空气焓值 H (kJ/kg 干空气)
57	17.324	128.33	391.86
58	18.159	135.87	412.75
59	19.028	143.87	434.89
60	19.932	152.38	458.38
61	20.873	161.44	483.34
62	21.851	171.09	509.86
63	22.868	181.37	538.08
64	23.925	192.35	568.15
65	25.022	204.06	600.20
66	26.163	216.60	634.47
67	27.347	230.03	671.09
68	28.576	244.43	710.32
69	29.852	259.90	752.43
70	31.176	276.55	797.69
71	32.549	294.49	846.41
72	33.972	313.86	898.95
73	35.448	334.83	955.79
74	36.978	357.59	1017.41
75	38.563	382.34	1084.35
76	40.205	409.32	1157.31
77	41.905	438.84	1237.04
78	43.665	471.23	1324.48
79	45.487	506.91	1420.74
80	47.373	546.38	1527.18
81	49.324	590.23	1645.34
82	51.342	639.18	1777.20
83	53.428	694.12	1925.12
84	55.585	756.19	2092.20
85	57.815	826.84	2282.27
86	60.119	907.87	2500.19
87	62.499	1001.66	2752.37
88	64.958	1111.47	3047.52
89	67.496	1241.54	3397.05
90	70.117	1398.07	3817.59

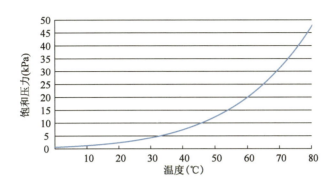

图4-13 饱和水蒸气分压力与温度之间的关系

饱和蒸汽压与温度的关系可以使用安托因公式来计算：

$$\lg P = A - \frac{B}{t+C} \quad \text{或} \quad \ln P = a - \frac{b}{t+c} \tag{4-4}$$

式中：P——饱和蒸汽压，Pa；

t——摄氏温度，℃。

为了提高安托因公式的计算精度，将温度分为三段，一段为0~31℃，二段为31~62℃，三段为62~93℃，每段交叠1℃。使用非线性最小二乘法拟合获得参数A、B、C（a、b、c）的值，结果见表4-6。

参 数 值　　　　　　　　　　　　　　表4-6

温度(℃)	$\lg P = A - B/(t+C)$			$\ln P = a - b/(t+c)$		
	A	B	C	a	b	c
$t \in (0, 31]$	10.35395	1814.114	239.7167	23.84085	4177.153	239.7167
$t \in (31, 62)$	10.20141	1732.805	233.6040	23.48961	3989.931	233.6040
$t \in [62, 93]$	10.10216	1674.951	228.6538	23.26108	3856.717	228.6538

用此种分段函数计算饱和蒸汽压，最大误差≤2.5Pa，精度符合要求。

水蒸气定压比热容计算结果见表4-7、图4-14。

水蒸气定压比热容计算结果　　　　　　　　表4-7

温度(K)	定压比热容 kJ/(kg·K)	温度(K)	定压比热容 kJ/(kg·K)
175	1.850	325	1.871
200	1.851	350	1.880
225	1.852	375	1.890
250	1.855	400	1.901
275	1.859	450	1.926
300	1.864	500	1.954

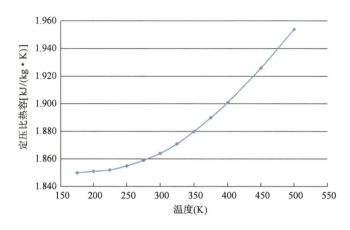

图 4-14　水蒸气定压比热容计算结果

3）湿空气的焓湿图

在工程上，为了使用方便，绘制了不同大气压力下的湿空气焓湿图（$h\text{-}d$ 图）。$h\text{-}d$ 图是表示一定大气压力 P（Pa）下，湿空气的各参数值及其相互关系的图，包括焓 h（kJ/kg 干空气）、含湿量 d（g/kg 干空气）、温度 t（℃）、相对湿度 φ（%）和水蒸气分压力 P_s（Pa）。图 4-15 为标准大气压下湿空气焓湿图。

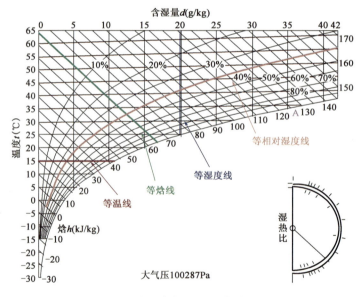

图 4-15　标准大气压下湿空气焓湿图

$h\text{-}d$ 图对于空调的设计和运行管理是一个十分重要的工具。这不仅是因为用 $h\text{-}d$ 图可以根据两个独立的参数比较简便地确定空气的状态及其余参数，更重要的是它可以反映空气状态在热湿交换作用下的变化过程。

如果当地大气压高于标准大气压，$h\text{-}d$ 图的饱和曲线（$\varphi=100\%$）将向上移；低于标准大气压时，将向下移。当空气温度和相对湿度相同而大气压力增高时，则空气的焓和含湿量减小，而大气压力降低,此时,空气的焓和含湿量增大(均与标准大气压力下的焓和含湿量相比)。因此,在计算空调系统时,必须根据当地的大气压力选用较为接近的 $h\text{-}d$ 图。

由于主缆在大气环境中,虽然其外部有防护层,但是通常防护层只有 2~3mm,非常薄,且主缆所处环境大气一般持续流动,加之主缆内部是致密的钢丝,因此,主缆和大气的热传递比较良好,可以认为主缆内部环境温度和大气温度基本一致(或者说主缆内部温度不会高于环境温度1℃)。同时由于空气在主缆内部流动,空气的最终温度必将和主缆环境区域温度趋于一致。因此,主缆除湿不仅仅要分析监测点温湿度,还要结合主缆所处的环境温度。

基于以上假设,提出名义温湿度和实际温湿度的概念。

名义温湿度:气夹处温湿度传感器的读数。

实际温湿度:送入主缆的干空气在主缆内部经过热平衡后,最终达到主缆内部环境温度后的温湿度。

4.3.2 干空气自调系统组成

干空气自调节系统的组成如图4-16所示。其中,干空气制备站是干空气自调节系统的核心组成。

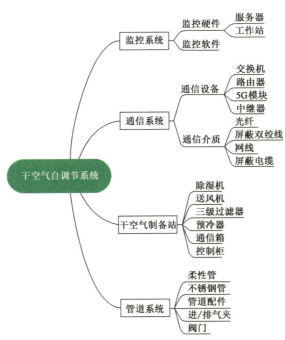

图4-16 干空气自调节系统的组成

1)干空气制备站

干空气制备站的组成如图4-17所示。

干空气制备站工作流程如图4-18所示。

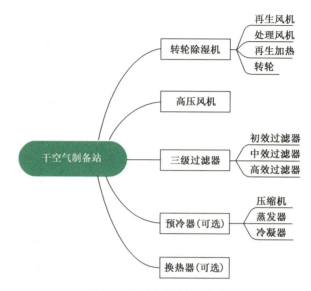

图4-17 干空气制备站的组成

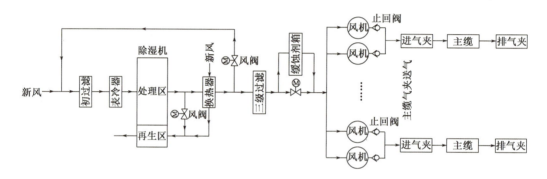

图4-18 干空气制备站工作流程

2）除湿原理

干燥转轮除湿机是一种干式除湿设备，其主要是利用吸湿剂的亲水性来吸收空气中的水分成为结晶水，而不变成水溶液，因而不会产生吸湿剂水溶液腐蚀设备，不会出现空气带出离子损害工艺设备，也不需要补充吸湿剂。当前，这是一种比较理想的除湿设备。

在吸湿原理上，它主要依靠吸湿剂的吸收作用，即利用特制吸湿纸来吸收空气中的水分。常温时，吸湿纸的水蒸气分压力低于空气的水蒸气分压力，所以能够吸收空气中的水分。当高温时，吸湿纸的水蒸气分压力高于空气的水蒸气分压力，又可将吸收的水分放出来，能够如此反复循环使用。

3）转轮的组成

干燥转轮除湿机的转轮是由含有吸湿剂的特种无机纤维纸（如玻璃纤维）组成的。首先，将含有吸湿剂的无机纤维纸压成波峰约1.5mm的波纹板，再在波纹板之间垫上同种材料而无波纹的夹层，并将各层牢固的黏结在一起，从而制成多层含有吸湿剂的波纹纸墩。最终，将纸墩根据设计尺寸需要,经过精密机械加工和拼接,制成蜂窝形状的转轮。

根据性能要求,转轮含有的吸湿剂种类主要有氯化锂、高效硅胶、分子筛、硅酸盐、活性炭以及上述材料的复合体。早期多采用氯化锂转轮,由于氯化锂有易于吸水脱落和含水后带有腐蚀性等缺点,故近年来,大多数厂家主要采用的是性能更佳的高效硅胶转轮。至于分子筛转轮,只有在超低湿和极特殊的条件下才采用。复合转轮则利用两种材料的不同优点,在特别需要的设计中使用,目前用量较小。

湿空气经过除湿转轮时,主要是一个传质过程。根据吸湿剂的吸附过程和特点,在常温情况下,吸湿剂的吸附微孔表面水蒸气分压力,较空气的水蒸气分压力要小得多,因此,湿空气中的水蒸气向吸附微孔转移,湿空气得到干燥。同时,根据吸附的物理原理,吸附过程需要释放凝结潜热,从而转轮机体和干燥空气因受热会有升温。

转轮单位体积内的吸湿面积和吸附剂吸附比表面积很大,以常用的高效硅胶转轮为例,$1m^3$ 体积转轮纸芯的吸湿面积达 3900m^2;吸附剂是非结晶体型的二氧化硅,硅胶孔径范围为 1.5~30nm,吸附面积约 600m^2。因此,转轮除湿能力很强,处理的空气很容易获得较低的露点。

吸附剂吸湿到一定程度就会饱和,吸湿过程将终止。为了能够保持吸湿剂的吸湿性能,必须将吸湿剂再生。再生过程是利用吸湿剂的另一个特性,即在高温下,吸湿剂的吸附微孔表面水蒸气分压力较再生空气的水蒸气分压力要高得多,这就为吸湿剂再生提供了有利条件。只要将吸湿后的吸湿剂简单加热,提供充足的汽化潜热,即能使得吸湿剂得到充分再生,从而达到不更换吸湿剂即可使吸湿剂连续除湿和连续再生。

4)转轮的特点

在各类除湿方法中,转轮除湿机属于近代开发的性能优异的干法除湿机。与其他除湿方法比较,转轮除湿机有以下特点:

(1)除湿范围大,效率高。

与冷冻除湿机比较,转轮使用的温度范围大,一般可在 -30~+40℃ 的范围内对空气进行除湿,且在低温低湿空气状态下的除湿效果更佳。当温度低于0℃时,吸湿纸不会结冰,仍能与周围空气进行较好的湿交换。由于除湿过程属于干式吸附过程,除湿后不存在诸如"带水量"和由于相对湿度高需要后加热等缺点,所以,在一定温度范围内,转轮除湿机的除湿效率高于其他除湿方法。

(2)除湿能力强,可获得较低露点。

转轮除湿法明显优于单纯的冷却除湿法。冷却除湿过程,处理后的空气露点一般不低于 10~15℃,否则表冷器表面有结霜的危险。而转轮除湿机则可方便地使处理后的空气达到 -75~+10℃ 的露点。

(3)机组构造简单,安装方便。

转轮除湿机主要由轻质的转轮芯、微型转轮电机、普通风机和小型电控盘等组成,没有压缩机等复杂的旋转设备,因此,机组结构较为简洁,总质量小,配件少,工程安装方便,易于空调系统的除湿改造工程。

(4)易于操作,性能稳定,维护简便。

转轮除湿机采用的是物理吸附过程,设备可长期连续运转,吸附剂不需更换且可自动再生,机械本体需要经常更换的备件少,设备耐腐蚀,阻燃防火,对环境无污染,因此,操作和维护十分简便。

纸芯的主要材料为无机成分,性能稳定,使用年限较长。转轮使用寿命一般可达8~10年,根据设备运行情况,性能降低时,可以随时更换新的转轮芯。

转轮除湿机的主体结构是不断转动的蜂窝状干燥转轮。干燥转轮是除湿机中吸收水分的关键部件,它是由载有干燥剂的耐热波纹状介质材料制成的。这种设计结构紧凑,而且可以提供为湿空气与吸湿介质充分接触的巨大表面积,从而大幅提高了除湿机的除湿效率。

除湿转轮设计成可以在密封状态下旋转,转轮被两股气流反向通过。除湿转轮两侧被具有高度密封性能的材料制成的隔板分为两个扇形区:一个为处理湿空气端的270°扇形区域;另一个为再生空气端的90°扇形区域。

需要除湿的潮湿空气(称处理空气)进入转轮270°扇形区域时,空气中水分子被转轮内的吸湿剂吸收,干燥后的空气则通过处理风机送至干空气出口。

除湿转轮在除湿过程中,不断缓慢转动。在除湿过程中,处理空气区域的转轮扇面吸收水分后,自动旋转到再生空气端扇区,进入再生过程。

在再生过程中,再生空气(一般为室外空气)经120°C左右加热后,进入转轮再生区扇面,在高温状态下,转轮中的水分子被脱附,散失到再生空气中。

再生空气由于在脱附过程中获得了水分,损失了热量,自身温度降低,变成含湿量较大的湿空气。湿空气(废气)则由再生风机排至室外。

转轮的转速很慢,一般为8~12周/h。在上述边除湿边再生的过程中,空气不断除湿,转轮不断再生。

为了使除湿过程安全、平稳地进行,转轮除湿机可对再生温度、再生温度的高温限制、再生风机延迟停机等进行报警和控制。

干式转轮除湿机主要由除湿系统、再生系统和控制系统三部分组成。

除湿系统由吸湿转轮、减速传动装置、风机和过滤器等组成。再生系统除转轮箱体外,还有加热器、风机、过滤器和调风阀门等。加热器可以采取蒸汽、电、燃气等作为热源。控制系统由驱动电机控制、温度控制和保护装置组成。再生温度要进行高低温控制。过热保护装置用于当再生温度超过设定值时,自动关闭电加热器。为运行安全,电加热器与再生风机和转轮传动电机设有连锁装置和延时关闭装置。

转轮除湿机主要工作性能通过除湿量、处理空气量、除湿机功率、处理空气进出口温升、处理空气出口露点和除湿能效等参数来评价。

(1)除湿量:除湿机在一定条件下(一般是20℃,相对湿度60%情况),单位时间内除去水分的质量,单位为 kg/h。

(2)处理空气量:除湿机在一定条件下(一般是20℃,相对湿度60%情况),单位时间内除湿的空气的体积,单位为 m^3/h。

(3)除湿机功率:除湿机在额定的工况下运行时,加热、再生风机、处理风机、转轮电机和控制系统所消耗的总功率,单位为 kW。

(4)处理空气进出口温升:处理空气进出口的温差,单位为℃。

(5)处理空气出口露点:除湿机处理出口空气的露点,表征除湿能力的量,单位为℃。

(6)除湿能效:除湿机在一定条件下(一般是20℃,相对湿度60%情况),消耗 1kW·h 电能除去空气中水蒸气的质量,单位 $kg/(kW·h)$。或者定义为除湿机在一定条件下(一般是20℃,相对湿度60%情况)除去单位质量水蒸气所消耗的电能,单位为 kW·h/kg。

影响除湿机性能的因素如图 4-19 所示。

5)除湿监控系统

除湿监控系统体现"分散控制、集中管理"的核心理念,实现"密封 + 除湿 + 监控 + 养护"四维一体的主动防腐概念(图 4-20)。

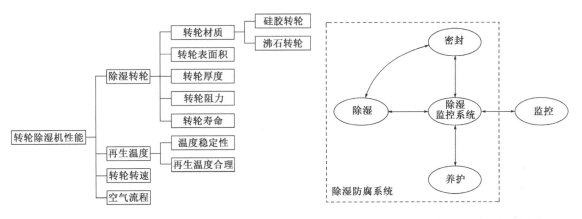

图 4-19 影响除湿机性能的因素　　图 4-20 除湿监控系统四维一体的主动防腐概念

除湿监控系统处于核心地位,通过对密封情况的监控、除湿设备的控制,对现场设备运行情况和除湿区域的温湿度数据进行记录,并使用大数据库实现分析从而指导养护,形成闭环控制(图 4-21)。

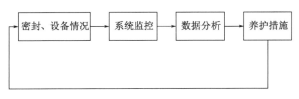

图 4-21 除湿监控系统闭环控制

(1)系统监控:监控箱梁、锚室和主缆温湿度情况,控制设备运行,并记录各采集点数据。

(2)数据分析:使用数据库,运用大数据概念对记录的数据进行统计分析,得出设备稳定运行的最优参数,分析系统是否存在密封不严的地方。

(3)养护措施:根据数据分析,及时调整设备,使之运行在最优参数下,对密封不严的地方进行修复。完成这些养护措施后,再对新条件下的密封情况进行监控和记录,从而使整个除湿防腐系统处于闭环控制。

可将除湿监控系统分为数据采集、现场控制、监控中心管理三个层级,如图 4-22 所示。第一层是数据采集层,由各个传感器拾取系统各部位有特征代表意义的信号,比如温湿度、压力、流量、电流、电压、设备运行状态等,并同时将数据输出至现场串口服务器。第二层是现场控制层,传感器、变频器、人机交换接口(Human Machine Interface,HMI)、可编程逻辑控制器(Programmable Logic Controller,PLC)拾取信号,并将采集到的信号通过网络输送到控制层,现场控制层的任务是接收管理层设置的参数或命令,对主缆除湿系统工作过程进行控制,并执行各种逻辑关系,对机组及设备进行有效的控制。同时,将现场状态输送到第三层。第三层是监控中心管理层,集中监控各个分站设备的运行状态,对数据进行分析、处理、展现及存储。操作人员通过对 HMI 的监控,可以实时观察到系统运行状况,根据权限修改工艺参数,及时处理报警事件,必要时可以人工干预设备运行。

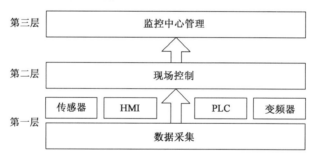

图 4-22 除湿监控系统架构图

监测系统主要包括主采集站、从采集站和监控中心。主采集站负责通过有线方式收集所辖范围内从采集站采集获得的数据信息,并通过可靠的工业级光纤局域网(可以使用健康监测系统的光纤局域网)上传到监控中心计算机服务器。从采集站主要包括设备从站、末端从站两种,其主要功能是将所辖范围内的温度变送器、湿度变送器、压力变送器和流量变送器监测到的空气的状态参数经信号预处理后完成模数转换并上传到其对应的主采集站。监控中心是整个监控系统的中枢,是数据集中处理和指令发出的场所,主要功能是数据展示、存储、分析、整理以及指令发布。

4.3.3 主缆除湿系统主要参数的研究

1)主缆含水量

主缆单位长度含水量计算公式如下:

$$W = \rho \times \theta \times \phi \times \frac{\pi D^2}{4} \tag{4-5}$$

式中：W——主缆单位长度含水量，kg/m；

ρ——水的密度，kg/m^3；

θ——主缆含水率，%；

ϕ——主缆空隙率，%；

D——主缆直径，m。

主缆含水量和主缆与水平方向的夹角有关。根据经验，夹角≤30°的区域按照7.5%的含水率计算，夹角>30°的区域按照5%的含水率计算。

以直径为0.885m的主缆为例，主缆中跨（水平位置最低）的主缆单位长度含水量为：

$$W_1 = \frac{\pi \times 0.885^2}{4} \times 0.2 \times 0.075 \times 1000 \approx 9.227(kg/m)$$

主缆其他位置（非跨中和边跨）的主缆单位长度含水量为：

$$W_2 = \frac{\pi \times 0.885^2}{4} \times 0.2 \times 0.05 \times 1000 \approx 6.151(kg/m)$$

t℃时，相对湿度从RH_1（送气湿度）变化到RH_2（排气湿度），单位体积空气除湿量为：

$$\alpha = \frac{(RH_2 - RH_1) \times P_b \times M_s}{R \times (273.15 + t)} \tag{4-6}$$

式中：α——单位体积空气除湿量，g/m^3；

P_b——t℃水饱和蒸汽压，Pa；

M_s——水的摩尔质量，g/mol；

R——气体常数，取8.314。

2）主缆空气流动CFD

计算流体力学技术（Computational Fluid Dynamics, CFD），其基本原理是数值求解控制流体流动的微分方程，得出流体流动的流场在连续区域上的离散分布，从而近似地模拟流体流动情况。近年来，随着计算机技术的迅速发展，CFD技术受到了广泛的关注。目前，CFD技术已经能够对工程全尺度的复杂流场、物理-化学综合反应、高精度湍流等领域进行有效的模拟，并且模拟精度逐年提升。

目前可以成熟运用于实际工程尺度模拟的CFD软件主要有以下几种：

①ANSYS Fluent。ANSYS Fluent是目前市场占有率最高的CFD软件，它擅长不可压流体下的物理-化学复合工况和具备复杂几何工程结构的流场模拟。ANSYS Fluent的计算速度十分优良，并且具备很好的鲁棒性，是目前在实际复杂工况问题上进行流场分析的最佳选择之一。

②ANSYS CFX。相比ANSYS Fluent，ANSYS CFX擅长涡轮机仿真（例如泵、风扇、压缩机以及气压和液压涡轮等）。

③STAR-CCM+。STAR-CCM+的特色在于针对可压流体的模拟，以及汽车内燃机方面的

模拟。

④OpenFOAM。OpenFOAM 是目前最流行的 CFD 开源软件,它具备最好的二次开发性,受到广大科研院校的欢迎。

(1)多孔介质理论。

广义上说,多孔介质就是带有很多细小孔洞的固体。在多孔介质的内部至少会有一相不是固体,并且在多孔介质的空隙中充满了流体。常见的多孔介质如土壤、砂石、建筑材料、陶瓷等。多孔介质常具有如下特点:

①弥散性。在多孔介质固体骨架之间,存在着大量的孔隙,孔隙内充斥着流体。弥散性具有随机特点。

②储容性。多孔介质以固相介质为骨架,它包含一部分孔隙空间,这部分孔隙空间被均质或多相物质所占据(其中至少有一相是流体)。能储集和容纳流体,是多孔介质的一个重要特性。

③多孔隙结构。多孔介质内部具备大量的孔隙结构,并且构成这种孔隙结构的壁面表面粗糙,对孔隙中流体形成较大的流动阻力,因而流体在多孔介质内部流动时将产生较大的压降。孔隙表面越粗糙,孔隙结构越复杂,并且孔隙率越小时,这种流体阻力也越大。

④孔道连通性。在多孔介质内部存在着很多流动通道和孔隙盲端,并且大部分通道之间是相互连通的,流体能够通过这些孔隙从多孔介质的一端流向另一端。这种可渗透性是评价多孔介质的一项重要指标,可渗透性通常使用渗透率这个物理量来表征。

(2)网格无关性验证。

网格无关性验证又称 Examining Spatial (Grid) Convergence 或者 Grid Convergence Study。而在 CFD 领域中,通常指 Grid Refinement Study,即通过建立从粗到密的多套网格,来分析 CFD 结果在不同网格密度下的变化。

(3)主缆内钢丝不同堆积态模拟研究。

在主缆束紧后,主缆截面上的钢丝在紧压后主要呈现不同堆积状态。对于主缆中间部分的紧实态钢丝,其内部堆积紧密,钢丝的主要堆积方式为六面体堆积;而对于主缆管壁附近的松散态钢丝,其内部堆积较为松散,钢丝的主要堆积方式为方形堆积,如图 4-23 所示,红色箭头代表缆内气体流动方向。

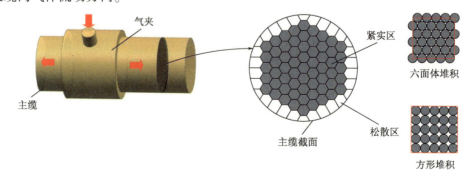

图 4-23 主缆内截面钢丝堆积方式示意图

3) 送气距离

通过上述分析可以看出,如何对桥梁管线内部的压力和速度场进行均匀分配是一个非常具有难度的问题。从等距进气和非等距进气方式的 CFD 模拟研究可以得出以下结论:

(1) 随着进口索夹数量增多,主缆内沿程压降变得更加平稳。当进口索夹数量较少的时候,沿程压降变化较大。而当进口索夹数量超过 4 个之后,主缆内的沿程压降变化趋势降低,主缆内总体压力分布更为均匀。

(2) 主缆中轴线压降随着索夹进口数增加而降低,证明在总流量不变的情况下,增加索夹进口数量能够有效地降低主缆内部沿程的压力损失。并且,主缆内的压降值都呈现相邻索夹一高一低的"峰峦"状分布,而峰顶的数量与进口索夹的数量相等。

4) 送气压力和流量

根据主缆直径,计算出干空气在主缆中的流量和进气夹所需的干空气量。根据干空气在主缆中流动的最远距离,将主缆分段做进排气处理。计算每个空气制备站所负责的进气夹数量确定空气制备站的除湿量、设备选型等。进气夹流量计数公式如下:

$$V = 2 \times \frac{\pi d^2 \phi u}{4} \times 3600 = 1800\pi d^2 \phi u \tag{4-7}$$

式中:V——进气夹流量,m^3/h;

ϕ——主缆空隙率,通常取索夹外20%孔隙率;

d——主缆直径,m;

u——主缆内部空气流速,m/s。

主缆送气管道流速计算公式如下:

$$u = \frac{Q}{S} = \frac{4V}{3600 \cdot \pi d^2} = \frac{V}{900\pi d^2} \tag{4-8}$$

式中:Q——空气流量,m^3/s;

S——RTP 管横截面面积(RTP 管内径 $d = 65\text{mm}$),m^2;

d——RTP 管内径,m。

雷诺数:

$$Re = \frac{\rho u d}{\mu} \tag{4-9}$$

通常情况 $Re \geqslant 4000$,干空气在送气管道中为湍流。对于圆形管道流通阻力,其计算公式如下:

$$\Delta P_m = \lambda \frac{1}{d} \cdot \frac{u^2 \cdot \rho}{2} L \tag{4-10}$$

式中:λ——摩擦阻力系数;

ρ——空气密度;

L——管道长度。

4.3.4 主缆除湿系统方案比较及能耗分析

1) 送气方案比较

主缆送气方案主要有两种:①空气制备站使用单台高压风机对该空气制备站内的所有送气夹送气;②空气制备站的每一个送气夹单独使用一台高压风机送气。

由于各个送气管路的长度相差较大,因此阻力相差比较大,如果采用方案①,由单台高压风机送到分气缸再分支送到各个送气夹,必须设置压力平衡控制系统。要保证各个支管道的气流量一致,必须采用阀门调节管理系统的阻力,使得其阻力基本一致,但这样总体管路系统阻力增加,输送所需的能耗偏高。

如果采用方案②,各自独立的高压风机送风,就不存在阻力匹配问题,有利于降低控制的复杂性。每个进气夹的风机可以根据此支管的阻力大小匹配合适风机,这将降低输送设备能耗。同时单个风机故障不会影响其他送气点,因此送风系统的可靠性相对较高,解决了复杂的管路系统阻力匹配问题,能做到各个送气风机独立工作,同时节约了能耗。

2) 除湿阶段划分

主缆除湿系统的工作分为两个阶段:除湿阶段和维持阶段。

(1)除湿阶段。在大桥建成投入使用时,由于在施工阶段过程中,主缆中存有一定的水分(液态水),此时系统的主要任务就是源源不断地往主缆中输送干空气,去除主缆中的水分。此时,送入的干空气在主缆钢丝束的缝隙中流动,和钢丝束缝隙中的水接触,在水蒸气分压差的作用下,干空气吸收缝隙中水分后变成饱和湿空气从排气口排出,从而使主缆钢丝束的干燥面不断向排气口推进。当干燥面到达排气口时,除湿阶段结束。

为了便于分析,将主缆横截面分为两个区域:内部的规整区域和外部的不规整区域,如图4-24所示。主缆规整区域占主缆截面积的77.6%,且主缆规整区域为由正六边形钢丝束组成的钢丝束截面;假设相邻两束正六边形钢丝束距离1mm(钢丝束扎带导致钢丝束之间有一定距离),则规整区域的孔隙率为14.2%。整个主缆截面平均孔隙率为19%,外层不规则区域的孔隙率为35.6%。

在进排气夹除打入增强通气性的楔子时,忽略空气从主缆表层进入主缆内部的局部阻力,把主缆考虑为毛细管。主缆中心和表层的孔隙率之比为毛细管面积之比。

由于主缆内部孔隙率相对于表面孔隙率比较小,因此,主缆内部实际干燥时间需要9~12个月。

(2)维持阶段。当主缆中钢丝束的水分排出后,这时系统的主要任务是保持主缆钢丝束缝隙中的空气干燥。在维持阶段,通过将主缆排气口密闭阀门关闭,使整个主缆护套形成超长圆筒形密闭容器,维持主缆排气口位置为一个微正压(大约300Pa),风机送风量只需保持和泄漏量相等即可,这便大大减少了送风的量。该方案能降低运行能耗,也不用增加投资成本。

第4章 具有自感知、自调节、自保护功能的主缆耐久性保障技术

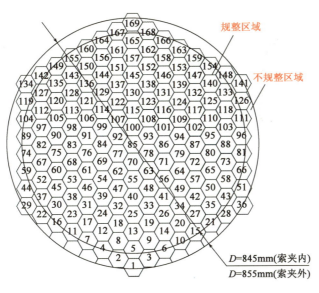

图 4-24 主缆横截面

3) 能耗分析计算

机组的除湿量大小主要与处理空气量、含湿量、相对湿度、再生空气量、再生温度、转轮的转数以及转轮的吸湿面积等参数有关,并随上述参数的变化而变化。

处理空气经转轮除湿后,由于水蒸气的潜热转化成显热,以及再生时转轮的蓄热,所以处理空气的温升较大,其值与单位除湿量的大小和再生温度高低有关。

空气通过转轮的阻力随面风速的增加而增加。

在一定环境下,单位千瓦·时(kW·h)电能的除湿量按下式计算:

$$\eta = \frac{W}{P} \tag{4-11}$$

式中: η——除湿机能效比,kg/(kW·h);

W——除湿机除湿量,kg/h;

P——除湿机功率,kW。

4) 节能措施

(1) 除湿再生空气流程。

高温再生空气通过再生区时把热量传递给转轮,转轮转到回热区时,这部分热量被再生空气所吸收,从而实现了对低温再生空气的预热处理,获得了含湿量较低的中温再生空气。与其他类型的吸附除湿机相比,在能耗降低的同时,干空气温度更低且更干燥(图4-25)。

(2) 热泵技术。

采用特有的方式将热泵和吸附转轮组合为一体,由于它能耗低,故处理后干空气的温度也低,其能耗大约是常规吸附除湿器能耗的1/4,是目前能量利用率最高的流程(图4-26)。

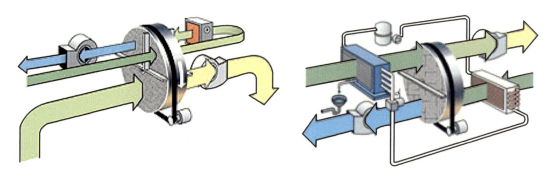

图 4-25　除湿再生空气流程　　　　　图 4-26　热泵技术原理

(3) 高压风机余热利用。

高压风机压缩空气产生的热量和高压风机内与气体摩擦产生的热量会使高压风机出口温度高达 70~80℃，因此，必须在高压风机出口设置后冷却器将干燥空气降至 50℃以下。

以蒙特 ML1100 除湿机为例：

高压风机流量：$1100 \text{m}^3/\text{h} = 0.3056 \text{m}^3/\text{s}$，再生风量 Q_V：$408 \text{m}^3/\text{h} = 0.1133 \text{m}^3/\text{s}$。假设高压风机出口 70℃，环境空气温度为 25℃，由于高压风机流量大于再生风量，因此，通过铝板换热器逆流换热可将再生空气预热至 65℃以上。查表可得，空气在 25~65℃之间的平均定压比热容 C_p 为 $1.005 \text{kJ}/(\text{kg}\cdot\text{K})$，平均密度 ρ 为 1.11kg/m^3，因此节约加热功率 P 为：

$$P = C_p \cdot Q_V \cdot \rho \cdot \Delta t = 1.005 \times 0.1133 \times 1.11 \times 40 \approx 5.06 (\text{kW})$$

(4) 处理出口余热利用。

由于水蒸气在硅胶转轮上的吸附是一个放热过程，因此处理空气在经过转轮除去水汽的同时会导致处理空气的温度升高；另外由于转轮在再生区域被高温再生空气加热，然后转到处理区，会使得部分热量通过转轮从再生区转移到处理区，从而导致处理空气的温度升高。在这两种作用下，一般除湿机的处理出口的干空气温度可达到 50~60℃。通常在进入高压风机之前需要进行一次换热，以防止高温对高压风机造成恶劣影响。因此，可以使用板式热交换器换热，用此热量来余热再生空气，以达到节能的目的。

仍以蒙特 ML1100 除湿机为例：

处理风量：$1100 \text{m}^3/\text{h} = 0.3056 \text{m}^3/\text{s}$，再生风量 Q_V：$408 \text{m}^3/\text{h} = 0.1133 \text{m}^3/\text{s}$。假设处理出口干空气温度为 50℃，环境空气温度为 25℃，由于处理空气流量大于再生风量，因此，通过铝板换热器逆流换热可将再生空气预热至 45℃以上。查表可得，空气在 25~45℃之间的平均定压比热容 C_p 为 $1.005 \text{kJ}/(\text{kg}\cdot\text{K})$，平均密度 ρ 为 1.15kg/m^3，因此，节约加热功率 P 为：

$$P = C_p \cdot Q_V \cdot \rho \cdot \Delta t = 1.005 \times 0.1133 \times 1.15 \times 20 \approx 2.62 (\text{kW})$$

4.3.5　自感知、自调节、自保护除湿系统监测与控制

1）监测与控制系统组成

自感知、自调节、自保护除湿系统,主要有以下三个模块组成。

(1) 数据采集及网络系统。

数据采集系统是指从传感器和其他待测设备等模拟和数值被测单元中自动采集信息的过程。

除湿系统采用三层网络结构,由上位机监控、下位机网络、传感器采集网络以及它们之间的通信网络组成。

常用通信网络有 TCP/IP、MODBUS、RS485、CAN、PowerLink、Profinet 和 Profibus。

(2) 控制系统。

主控 PLC 控制逻辑功能设计,系统控制流程设计,除湿系统两个阶段的切换控制,监测设备运行状态输出报警。上位机监控网络功能的设计。

(3) 防雷设计。

对应除湿系统,控制系统必须进行防雷设计,尤其是主缆上布置的通信箱更加需要进行电源防雷和信号防雷设计。一般雷击破坏有直击雷、二次雷(感应雷)和球形雷三种主要形式,由于桥梁都有防止直击雷的装置,因此设备不会遇到直击雷,主要是防止二次雷(感应雷)对设备造成损伤。

防雷击设计主要有两个方面:一是防止二次雷(感应雷)从供电系统进入设备;二是防止二次雷(感应雷)从通信系统进入设备。对电源部分和信号部分安装电源类 SPD(瞬态过电压保护器)和通信网络类 SPD 进行过电压保护。对于通信部分,还可以使用光纤作为通信介质,大幅降低雷电对通信设备的影响。

自感知、自调节、自保护除湿系统采用现场总线系统(Fieldbus Control System,FCS)模式,FCS 实质是一种开发的、具有互操作性的、彻底分散的分布式控制系统,系统分为数据采集、现场控制、监控中心管理三个级别。

①数据采集层需要从现场实时采集数据,比如温度、压力、流量、电流、电压设备运行状态等,并同时将数据输出到现场主控可编程逻辑控制器。

②现场控制层的任务是接受管理层设置的参数或命令,对主缆除湿系统工作过程进行控制,并将现场状态输送到管理层。操作人员通过对人机接口的监控,可以实时观察到设备的运行状况,根据权限修改工艺参数,并及时处理报警事件,必要时可以人工干预设备运行。

③监控中心管理层控制各个分站设备的运行状况。

a. 控制操作:在中心控制室能对被控设备进行在线实时控制,如启停机组、在线设置 PLC 参数等。

b. 显示功能:使用图形实时显示各控制现场被控设备运行工况,以及各现场设备的状态参数。

c. 数据管理:依据不同运行参数变化快慢和重要程度,建立生产历史数据库,存储生产原始数据,提供统计分析使用。利用实时数据库和历史数据库中的数据进行比较和分析,得出一些有用的经验参数,有利于系统的准闭环控制,并在实时画面和报表中显示一些必要的参数和结果。

d. 报警功能:当某一模拟量测量值超过给定范围或某一开关量发送变位时,可以根据不同的需要发出不同等级的报警。

e. 打印功能:可以实现报表和图形打印以及各种事件和报警实时打印。

2)传感器参数和布置

(1)传感器布置。

为了保证传感器的安全稳定运行,系统应具备自反馈控制并实现远程控制的功能,系统应于下列位置设置相应的传感器。

①在过滤器处设置压差传感器。当空气过滤器发生堵塞时提示清理或更换空气过滤器。

②在过滤器处设置温湿度传感器。

③在除湿机内设置自动调温器。

④在风机处设置压力传感器。

⑤在换热器后设置温度传感器、压力传感器和流量传感器。

⑥在送气夹处设置温湿度传感器、压力传感器和流量传感器。

⑦在排气夹处设置温湿度传感器、压力传感器。

(2)传感器选型参数。

传感器选型参数包括温湿度传感器、量程范围、精度、供电电压和输出信号。

主缆通信箱压力传感器参数要求见表4-8。

主缆通信箱压力传感器参数要求 表4-8

序 号	指 标	要 求	备 注
1	量程	0~10kPa	—
2	精度	0.25% FS	FS 为量程
3	输出	4~20mA	—
4	供电电源	24V DC	—
5	防护等级	IP 65	—
6	工作温度范围	工业级(-40~85℃)	—
7	安装方式	螺纹安装 M20×1.5/M16×1.5	—

温湿度传感器参数要求见表4-9。

温湿度传感器参数要求　　　　　　　　表4-9

序　号	指　标	要　　求	备　注
1	温度量程	-40~80℃	—
2	湿度量程	0~100%	—
3	温度精度	±0.2℃	—
4	湿度精度	±2%	(23±5)℃时
5	输出信号	0~1V/4~20mA	电压变送距离≤5m
6	防护等级	IP 65	—
7	供电电源	3.3V DC/24V DC/9~36V DC	—

主缆送气流量风速传感器参数要求见表4-10。

主缆送气流量风速传感器参数要求　　　　　　　　表4-10

序　号	指　标	要　　求	备　注
1	量程	0~20m/s	—
2	精度	0.1m/s	—
3	输出	4~20mA	—
4	防护等级	IP 65	—
5	供电电源	24V DC	—

3）除湿系统能效监测

通过检测再生空气进口温湿度、出口温湿度和流量,处理空气进出口温湿度、出口温湿度和流量来计算除湿机效率。转轮除湿机运行过程如图4-27所示。

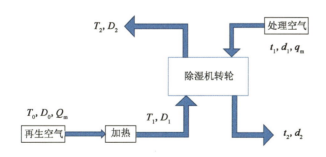

图4-27　转轮除湿机运行过程示意图

在实际情况中,由于处理出口湿度比较低,温度比较高;再生出口湿度比较大,温度高,因此这两个参数误差比较大。故不采用这个数据进行计算,而是将再生出口含湿量、处理出口含湿量这两个参数作为未知量。

再生进出口空气参数含义如下:

T_0——再生加热前温度,℃;

D_0——再生加热前含湿量,kg/kg 干空气;

H_0——再生空气加热前焓,kJ/kg 干空气;

D_1——再生进口含湿量,kg/kg 干空气;

D_2——再生出口含湿量,kg/kg 干空气(未知量);

T_1——再生进口温度(再生温度),℃;

T_2——再生出口温度,℃;

Q_m——再生空气质量流量,kg 干空气/s;

H_1——再生空气进口焓,kJ/kg 干空气;

H_2——再生空气出口焓,kJ/kg 干空气(未知量);

P——再生空气加热功率,kW。

处理进出口空气参数含义如下:

d_1——处理进口含湿量,kg/kg 干空气;

d_2——处理出口含湿量,kg/kg 干空气(未知量);

t_1——处理进口温度,℃;

t_2——处理出口温度,℃;

q_m——处理空气质量流量,kg 干空气/s;

h_1——处理空气进口焓,kJ/kg 干空气;

h_2——处理空气出口焓,kJ/kg 干空气。

空气参数如下:

C_{pg}——干空气定压比热容,kJ/(kg·℃);

C_{pv}——水蒸气定压比热容,kJ/(kg·℃)。

加热再生气体能耗与加热总能耗(包括热损失)之比按下式计算:

$$\eta = \frac{Q_m(H_1 - H_0)}{P} = \frac{Q_m(C_{pg} + D_1 \cdot C_{pv})(T_1 - T_0)}{P} \tag{4-12}$$

在稳态运行情况下,忽略气体摩擦和散热所损失的能耗,有能量守恒(对转轮):

$$H_1 \cdot Q_m + h_1 \cdot q_m = H_2 \cdot Q_m + h_2 \cdot q_m \Rightarrow (H_2 - H_1) \cdot Q_m = (h_1 - h_2) \cdot q_m \tag{4-13}$$

设 $k = \dfrac{q_m}{Q_m}$,则:

$$(H_2 - H_1) \cdot Q_m = (h_1 - h_2) \cdot q_m \Rightarrow H_2 - H_1 = \frac{q_m}{Q_m}(h_1 - h_2) \Rightarrow H_2 - H_1 = k(h_1 - h_2)$$

$$\tag{4-14}$$

在稳态运行情况下,进出转轮的水汽质量守恒:

$$D_1 \cdot Q_m + d_1 \cdot q_m = D_2 \cdot Q_m + d_2 \cdot q_m \Rightarrow (D_2 - D_1) \cdot Q_m = (d_1 - d_2) \cdot q_m \tag{4-15}$$

设 $k = \dfrac{q_m}{Q_m}$,则:

$$D_2 - D_1 = \dfrac{q_m}{Q_m}(d_1 - d_2) \Rightarrow D_2 - D_1 = k(d_1 - d_2) \Rightarrow D_2 = k(d_1 - d_2) + D_1 \quad (4-16)$$

空气焓(kJ/kg 干空气):

$$h = C_{pg} \cdot t + d \cdot (r_0 + C_{pv} \cdot t) \quad (4-17)$$

4) 除湿系统故障预测和智能诊断

通过能效监测分析转轮的除湿量,配合除湿机的再生温度统计和设备当前使用率,分析设备剩余寿命。当设备寿命小于某一设定值时,向养护部门发出警告,提醒更换转轮等。

对于循环风机和高压风机,统计累积运转时间,运行环境情况,使用经验公式预测其内部线圈老化情况,从而预测其故障发生的可能性。

5) 主缆腐蚀监测

(1) 腐蚀监测技术。

根据腐蚀监测技术特征,可以将腐蚀监测技术分为直接监测技术和间接监测技术。直接监测技术测量的是因腐蚀或冲蚀而出现直接变化的参数;而间接监测技术测量的是那些影响腐蚀或冲蚀,或受腐蚀或冲蚀影响而出现变化的参数。其中,直接监测技术又分为侵入式技术和非侵入式技术两类,间接监测技术分为在线技术和离线技术两类。侵入式技术是指需要穿过管线或容器外壁,直接接触到内部介质进行测量的技术,一般来说,侵入式技术需要特定形式的探针或测试片;间接监测技术可以是在线或离线的,对于在线技术而言,不需要将设备从工艺过程中移除,而离线技术则需要从工艺过程中采集样品或试片进行分析。常用的腐蚀监测技术方法及原理见表 4-11。

常用的腐蚀监测技术方法及原理 表 4-11

序号	方法	监测原理	特点	检出信息	适用对象	结果解释
1	挂片失重法	挂片置于腐蚀介质中,定期测量失重	需要较长时间,较复杂	平均腐蚀速度,点蚀	任意介质	容易
2	电阻探针法	根据腐蚀造成电阻探针的电阻变化测量腐蚀速度	较快速,应用灵活	平均腐蚀速度	任意介质	容易
3	电感探针法	测定敏感元件因腐蚀(厚度变化)而产生的感抗变化	响应时间快	平均腐蚀速度	任意介质	容易
4	线性极化电阻法	根据腐蚀过程中极化探针表面极化电阻变化测量腐蚀速度	快速、应用灵活	连续的腐蚀速度	电解质	较易,存在干扰
5	氢渗透法	通过测量渗透到氢探针中的氢分子值计算氢渗透率	需时较长	氢渗透率	任意介质	较易

续上表

序号	方法	监测原理	特点	检出信息	适用对象	结果解释
6	电化学噪声法	利用腐蚀过程产生的微弱信号检测腐蚀的剧烈程度	受干扰因素较多	点蚀，半定量	任意介质	有难度
7	FSM法	根据特制的测试管段上多点电位变化测量腐蚀速度	费用昂贵	腐蚀速度，管线缺陷	任意介质	较复杂

（2）电阻探针。

电阻探针（ER）被称为是"电子的"腐蚀挂片，是一种在线的连续监测装置，可以连续监测流体变化时环境内部的腐蚀速度。阻探针法主要采用与所测设备或工件相同材料的探头进行测量，内置一个相同材料的补偿试片作为参比电极。其原理是通过测量金属元件在工艺介质中腐蚀时的电阻值的变化，计算金属在工艺介质中的腐蚀速度。当金属元件在工艺介质中遭受腐蚀时，金属横截面积会减少，造成电阻相应增加。电阻增加与金属损耗有直接关系，因此，通过一定的公式，可以换算出金属的腐蚀速度。

（3）微电阻测量方案。

①电阻范围。

腐蚀监测钢丝直径设计为 0.25~0.5mm，长度设计为 2~5cm，钢铁的电阻率约 $9.78 \times 10^{-8} \Omega \cdot m$。腐蚀监测钢丝电阻值为 9.9~99.6mΩ。

②消除温度影响。

设计两段电阻相当的监测元件（电阻 10~100mΩ）。其中，一段封装在塑料当中不让其与腐蚀环境接触使其不腐蚀，其电阻值只随温度变化；另外一段置于被测环境中使其和环境中的待测腐蚀期间一起腐蚀。通过两段的电阻比值的变化来测定环境的腐蚀，从而消除环境温度变化所带来的影响。

③消除导线影响。

为了消除导线和接触电阻带来的影响，采用四线制测电阻方法（图4-28）。由于前置放大器的输入阻抗基本都是在GΩ级别，放大的输入偏置通常为 nA~pA 级别，相对于激励源 50~100mA 电流可以忽略不计，从而消除导线的电阻的影响。

④恒流源选择。

选择大的恒流激励能使得被检查的电压信号变强，但是大的电流会导致被测量电阻发热；过小的恒流源激励会导致信号过于微弱，不便于检测。因此，综合评估选择测量两段的电阻

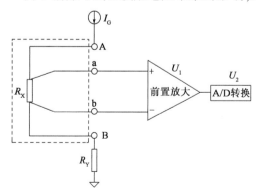

图4-28 四线制测电阻示意图

比值使用 50~100mA 恒流源,电压信号 0.5~10mV,采用四线制(或是桥电路)来检测电阻两端的电压变化,从而测出电阻值。

为了控制电流发热,只有在测量的时候再开启激励恒流源,测量结束后关闭激励恒流源。图 4-29 为测量微弱信号处理流程。

图 4-29 微弱信号处理流程图

⑤测量流程设计。

通过前面一系列处理后得到的电压信号比较微弱,通常为毫伏(mV)级别信号。为了便于采样和提高精度,需要进行前置放大,低通滤波,二级放大,然后进行模数转换。

采用两通道同步采样的 24 位 $\Sigma\text{-}\Delta AD$ 转换器进行转换,模数转换选择 2.5V 参考电压。

⑥数字滤波。

由于我们的电压测量要求非常高,几乎要达到微伏(μV)级别,因此,降低噪声提高信噪比非常重要。降低噪声的一些基本方法,如采用低噪声放大器不会对被探测的辐射信号产生噪声"污染";但如果信号非常微弱或者背景噪声或干扰的影响很大,造成信号处理系统输入端的信噪比已很糟糕,甚至信号深埋于噪声之中,这时要想将信号检测出来,必须根据信号和噪声的不同特点,借助一些特殊的微弱信号检测方法将信号与噪声分离,使信号从噪声中提取出来。

为了将被噪声所淹没的信号检测出来,人们研究各种信号及噪声的规律。发现信号与信号的延时相乘后累加的结果可以区别于信号与噪声的延时相乘后累加的结果,因为信号电压幅值为线性叠加而噪声功率为矢量相加。基于此,人们发明了一种提高信噪比的方法"同步累积法"。其基本原理是利用信号的重复性和噪声的随机性,对信号重复测量多次,使信号同相地累积起来,而噪声则无法同相累积,使信噪比得到改善。

(4)腐蚀闭环控制。

当前除湿系统的湿度控制基本都是经验估计的,无法得到准确的湿度控制指标。对于不同环境的桥梁,对主缆的湿度控制是不一样的。由于盐分的影响,导致湿度控制指标必须提高要求。安装了主缆腐蚀监测传感器后,能测量主缆的实际腐蚀趋势,因此,可以根据腐蚀速度的情况来控制送气的干燥程度。

4.3.6 当前主缆防护面临难题和技术发展

1)当前面临难题

(1)行业标准化建设。

①计标准化。

设计是除湿系统工程的前瞻性工作,对材料选型、设备定制、施工组织、运营与养护等具有重要的指导作用。目前现有除湿系统设计缺少标准参照,存在个人经验依赖性较重、基础理论知识薄弱、旧版照搬等问题,对后期设备制作、现场施工、系统运营稳定性等方面造成一定的隐秘风险。因此,建立设计标准化,遵从"统一、简化、协调、优选"的原则,按标准化设计流程,进行有据可查的精细化设计,为除湿系统工程提供切实有效的工程执行指导,该项标准化建设工作对于当前的桥梁建设高潮期显得尤为迫切。

②材料标准化。

要实现大跨径悬索桥主缆全寿命防护任重而道远,行业应该加大现有材料的技术提升,从耐候、密封、阻燃等方面寻求突破。当前悬索桥主缆密封防护的行业标准只有《悬索桥主缆防腐涂装技术条件》(JT/T 694—2007),随着材料的进步,标准中的硫化型橡胶密封剂、柔性涂料等技术指标已经落后于当前应用材料实际技术指标,对于近期设计较多的"氯磺化聚乙烯缠包带"方案更是没有任何技术标准、材料检验标准、质量验收规范。标准的更新或制修订未能赶上行业发展速度,这一问题应该得到行业的高度重视。

③施工标准化。

当前桥梁除湿系统工程施工基本上还是以人工利用半自动化专用工具作业为主,整体施工质量受工人熟练化程度影响较大,且承担桥梁除湿系统工程的施工单位较多,项目组织与技术水平参差不齐。在项目完工后的系统稳定性和有效性方面,其优劣等级分化严重。标准化施工是一个复杂的管理体系,通过引进系统理论,对施工现场安全作业、文明施工、质量管理、工程监理、队伍管理等要素进行规范,形成缜密的、科学的施工现场管理新体系。在国家交通科技快速发展的今天,标准化施工及智能化施工在桥梁除湿系统工程上还有很大的发挥空间。

④运营与养护标准化。

当前一些已建桥梁除湿系统工程多处于半运营状态,部分系统设备维修及更换不及时,导致钢结构腐蚀防护严重缺失,主要因施工单位没有可以参考的运营与养护标准,无法有力执行设备巡检、故障前置排查。因此,建立健全除湿系统的定期巡检和养护制度,对提升除湿系统工程运营水平具有重要作用。

(2)综合评价指标及验收体系建立。

目前,针对桥梁除湿系统工程中主缆密封防护工序,"硫化型橡胶密封剂 + 高耐候面漆"方案有一定的质量验收规范,但是对于新型使用的柔性、自清洁性的高耐候涂料无法进行检测、验收;氯磺化聚乙烯方案没有国家、行业的验收标准及规范,导致建设单位、监理单位难以有效验收施工质量。

此外,现有除湿系统工程设计指标以单一的进出口湿度作为唯一的验收指标,这对于整个除湿系统工程有效运行,以及是否对钢箱梁和缆索起到除湿防护的评价还远远不够。因此,建立一套完善的综合评价指标集,还需要做大量工作。

根据作者多年从事桥梁除湿系统工程的实践经验,建议从如下方面入手:使用数据库技术和底层程序支持,对除湿系统工程内部关键部件,如除湿机、风机等故障时间进行统计分析,对初始设备稳定性进行评价;对核心设备进行冗余设计,通过系统自检单元、数据处理及算法单元、及时响应外部环境变化,实现智能热切换,确保系统高效、稳定;建立全桥重点检测单元,健全相应检测指标,完善验收体系。

2)技术发展

(1)高压风机设备冗余技术。

高压风机在初期长时间运行容易过热烧毁,未来保证系统的可靠性,因此,使用联通高压风机互相冗余来达到送风系统的高可靠性。

(2)通信控制冗余技术。

监控中心到各个设备主控设备采用光纤环网或链路冗余技术来保证通信的高可靠性,主缆传感器和设备主控箱质检采用双 RS485 Modbus RTU(Remote Terminal Unit,远程终端单元)实现通信冗余,通信箱内可以采用双传感器实现传感器冗余,增加系统的稳定性。

(3)气相缓蚀剂。

气相缓蚀剂是一种或几种化学物质的复配,只需要放在金属物体附近,通过挥发或者升华到达金属表面,从而形成保护膜,防止金属表面发生腐蚀。一般用饱和蒸气压来衡量其挥发性,气相缓蚀剂的饱和蒸气压一般为 0.0133~133.332Pa。气相缓蚀剂的饱和蒸气压太大,挥发得快,则防锈周期短;饱和蒸气压小,防锈周期长,但诱导期时间较长。选择相互协同作用的气相缓蚀剂时,一定要考虑其蒸气压的大小。

缓蚀原理分两步。第一步,气化,即气相缓蚀剂成分发生升华或者挥发。第二步,吸附,一种是有静电引力和范德华力引起的物理吸附,或者由于表面原子出现弧电子对的转移,从而形成配位键,发生的化学吸附,一般化学吸附可逆性不高。吸附在金属表面形成一层保护膜,使腐蚀介质无法直接接触金属,达到金属防护的目的。

(4)物联网及数据深度处理技术应用。

目前桥梁除湿系统工程设备多为上下级关系,即控制与受控关系,数据导向多为单向,平级及越级设备间存在数据孤立、信息孤岛,无法实现高效反馈、即时执行。以除湿系统能耗检测为例,现有能耗采集多为功率,但无法有效分析能效与外环境温湿度关系,系统就无法完成增加预冷等积极反馈。

物联网以数据为基础,将除湿系统内设备打断等级实现均一联网,提高全员参与度,增强信息细节敏感性,执行单元即时作出相应反应,可为除湿系统工程长久良好运营提供技术保障,实现桥梁除湿防护技术的"可知、可控"管理。以物联网为架构,数据深度处理技术支撑,具体可实现:除湿设备智能诊断、故障预判、转轮有效性评估寿命管理、远程协同维护等功能,以提高除湿系统的可养护性;建立更加方便的历史数据查询方法、量化目标除湿区域状态等。

4.4 锌铝镁多元合金镀层自修复关键技术

热浸镀锌铝镁三元合金镀层是在锌铝二元合金镀层上发展而来的新一代耐腐蚀合金镀层。研究发现,在锌铝合金镀层中添加0.1%的镁,可以有效解决锌铝合金晶界腐蚀问题。当镁含量不超过3%时,进一步提高锌铝合金中的镁含量能进一步提高镀层的耐腐蚀性。新日铁公司开发的高耐腐蚀镀层SuperDyma,镀层成分为Zn-11% Al-3% Mg-Si,其耐腐蚀性能达到纯锌镀层的15倍,是Zn-10% Al耐腐蚀性能的4倍。

锌铝镁三元合金镀层不仅有高表面耐腐蚀性能,还具有高切口耐腐蚀性能。切口耐腐蚀性能带来的镀层自修复,对桥梁缆索用钢丝具有特别的意义;桥梁缆索钢丝在编索过程中可能会有意外擦碰,在运输到偏远道路条件不好的地区时也会有磕碰,施工过程中经常也会发生磕碰。当这些意外发生时,锌铝镁合金镀层硬度高、更耐磨,相对不易损坏,即使发生局部小面积镀层损伤,因为切口保护功能进行了自修复,钢丝不会发生严重的锈蚀。因此,锌铝镁合金镀层可以确保桥梁缆索具有更长的使用寿命。

4.4.1 锌铝镁合金镀层腐蚀产物及特性

李锋等研究了Zn-11% Al-3% Mg-0.2% Si的腐蚀产物,认为涂层体系耐腐蚀性的增强归因于一种由碱性氯化锌、$ZnCl_{24}Zn(OH)_2$ 组成的腐蚀产物层。该腐蚀产物层能够减少氧化的发生,因为氯化锌中含有镁,可以长期稳定存在。Monojit等通过循环腐蚀试验研究了Zn-0.2% Al-0.5% Mg的涂层体系,发现这个涂层系统形成了一个非常致密的腐蚀产物层,由大量的碱性氯化锌、$ZnCl_{24}Zn(OH)_2$ 和少量的ZnO组成。填充致密的腐蚀产物阻碍了氧的扩散,从而提高了耐蚀性。Tsujimura等人分析了含有6% Al和3% Mg的锌合金涂层在循环腐蚀试验中的腐蚀行为,包括盐喷、干燥和湿度的交替期。耐蚀性的增强可能是由两个因素引起的:在腐蚀初期,整个表面覆盖了一层薄薄的含镁的氢氧化锌保护层。随着腐蚀的进行,表面上的大部分镁被排出,而相当一部分铝通过形成稳定的含镁的锌铝腐蚀产物而留在试样上,抑制了残余涂层和钢基体的腐蚀。

对比锌铝合金与锌铝镁合金镀层,在长时间盐雾腐蚀后晾干的样品上发现镀层颜色变得灰暗,并出现一层白色的腐蚀产物。在锌铝镁合金镀层样品表面有富氯、无镁的灰色区域,顶部有形状良好的晶体,白色区域有松散的富含镁和碳酸盐的腐蚀产物,但不含氯。通过详细的XPS谱峰分析和评价Wagner化学位移图可以识别表面腐蚀产物,如图4-30、图4-31所示;在灰色区域主要为 $Zn_5(OH)_8Cl_2 \cdot H_2O$、$Zn_5(OH)_6(CO_3)_2$、$ZnCO_3$ 和 $Zn(OH)_2$;白色区域表示腐蚀产物主要由碳酸盐组成,如 $Zn_5(OH)_6(CO_3)_2$、$ZnCO_3$ 和 $Zn(OH)_2$,以及碳酸镁盐。样品表面检测不到 MgO 和 $Mg(OH)_2$。

如图4-31所示,从两种镀层的腐蚀产物SEM图像来看,Zn-6% Al-3% Mg合金镀层的腐蚀产物更加致密,晶粒尺寸更小,它能很好阻挡腐蚀介质。通过 XRD 分析可看出,Zn-6% Al 镀层的腐蚀产物主要为少量 ZnO 和 $Zn_5(OH)_8Cl_2 \cdot H_2O$、$Zn(OH)_2$,而 Zn-6% Al-3% Mg 镀层的腐蚀产物主要为 $Zn_5(OH)_8Cl_2 \cdot H_2O$。研究表明,镁的加入促进了 $Zn(OH)_2$ 向致密难溶、粘连性好、低导电性的 $Zn_5(OH)_8Cl_2 \cdot H_2O$ 转变,而抑制了阴极反应和 $Zn(OH)_2$ 向 ZnO 的转变,从而保护了钢基体,减少其被外部条件所腐蚀。

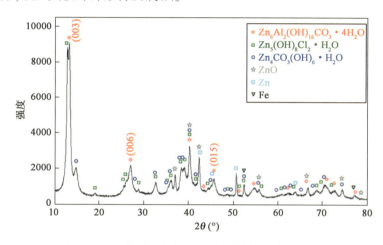

图 4-30　900h 盐雾试验后锌铝镁合金镀层的 X 射线衍射图

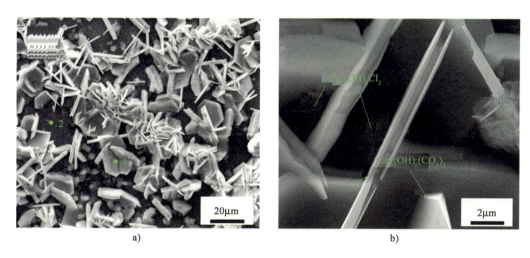

图 4-31　锌铝镁合金镀层腐蚀后 SEM 图像

在镁存在的情况下,在盐雾试验中,由于镁(羟基)碳酸盐的形成,阴极反应迅速被阻断,pH 值得到缓冲并回归中性,从而阻碍了氧化锌甚至锌盐的形成。由于碳酸镁和大多数其他镁化合物的高溶解度,这种影响将随着镀层中镁含量的降低而减弱。然而,正如 Stoulil 等人所观察到的,它可以在恶劣的暴露条件下抑制腐蚀的迅速发生,并可以形成稳定的锌基腐蚀产物,即水锌矿和西蒙科勒矿。在铝的存在下,氧化锌可被低溶解度的 LDH(层状双金属氢氧化物)替代,具有长期保护能力。锌铝镁镀层在腐蚀产物中碳酸盐含量比热镀锌镀层高 2 倍。合金材料的腐蚀产物以水锌矿为主,热镀锌镀层腐蚀产物以氯水锌矿为主。腐蚀产物中含有少量的铝,富含镁。镁优先出现在金属/腐蚀产物界面附近。合金化阻碍了氧化锌的形成。

镁优先在阳极位置溶解,扩散和迁移到阴极位置,并析出形成氢氧化镁和碳酸镁。这一过程缓冲了阴极部位的pH值,阻碍了氧化锌的形成,从而抑制了氧的还原。在铝存在的情况下,氧化锌可以用层状双氢氧化物代替。后期形成的大块腐蚀产物几乎完全包含稳定的锌基化合物。金属/腐蚀产物界面处的镁基膜对腐蚀稳定性的额外抑制作用仍有待证实。

对锌铝镁腐蚀产物的定性分析表明,氯水锌矿和羟基氯化锌在不同大气循环腐蚀试验过程中稳定在锌铝镁镀层上,而在纯锌镀层上没有观察到它们。基于热力学建模,在Mg^{2+}存在的情况下,Mg^{2+}与阴离子反应,形成稳定的、与$Zn(CO_3^{2-}$和过量$SO_4^{2-})$符合的、可溶或低保护的化合物。SEM、XRD和原位原子发射光谱电化学实验表明,在腐蚀早期,铝以不溶性的形式残留在涂层上,锌和镁有较强的优先溶解条件。当界面pH值或电位充分升高时,随后的腐蚀阶段会出现铝溶解和锌铝和/或锌镁层双羟基的形成。基于SEM观察和文献分析,LDH(层状羟基氯化锌)和氯水锌矿的防腐阻隔特性是由其致密的形貌、低的电子密度和层状结构使层离子转移难以通过造成的。钢铁表面锌铝镁镀层中,镁和铝协同作用,在腐蚀早期形成稳定的氯水锌矿;在随后腐蚀阶段,形成层状的羟基氯化锌。

Duchoslav等人也发现,在锌铝合金镀层中,添加镁后的镀层腐蚀产物会由ZnO、$Zn(OH)_2$和$Zn_5(OH)_8Cl_2 \cdot H_2O$混合物膜层转变为结合紧密的$Zn_5(OH)_8Cl_2 \cdot H_2O$膜层,从而提高了镀层的耐蚀性能。陈一磊等在研究中也发现,镁的添加会抑制$Zn_5(OH)_6(CO_3)_2$的生成,使得Zn-23Al-0.3Si镀层的腐蚀产物主要为$Zn_5(OH)_8Cl_2 \cdot H_2O$。林源等人的研究表明,镁的加入会使镀层具有更加稳定细致的组织结构和更致密的腐蚀产物。但是镁含量并不是越多越好,需要将其控制在一定范围内,镁含量过高反而会出现镀层耐蚀性下降、表面质量变差等情况。

Tanaka研究硅和铼对ZAM合金镀层组织和耐腐蚀性的影响,发现ZAM、ZAM-0.1Si和ZAM-0.1Si-0.1Re镀层在中性盐雾试验中的腐蚀产物均包含$MgCO_3$、$Zn_5(OH)_6(CO_3)_2$和$Zn_5(OH)_8Cl_2 \cdot H_2O$,三种镀层的腐蚀产物具有相同的相组成。因此,添加硅和铼后,合金镀层耐腐蚀性能的改变不是腐蚀产物类型改变引起的。胡金星研究发现,在Zn-Al合金镀层中,镁促进了腐蚀产物$Zn(OH)_2$向$Zn_5(OH)_8Cl_2 \cdot H_2O$的转变,有利于提高镀层的耐腐蚀性。此外,镁的添加也可以促进腐蚀产物$Zn(OH)_2$向$Zn_6Al_2(OH)_{16}CO_3 \cdot 4H_2O$的转变。致密的腐蚀产物膜在镀层表面附着,可以显著降低镀层的腐蚀速度。Liu等研究发现,腐蚀产物$Zn_6Al_2(OH)_{16}CO_3 \cdot 4H_2O$很容易捕获$Mg^{2+}$,在含镁的合金镀层表面沉积,能够为镀层提供更好和更持久的腐蚀保护。因此,腐蚀产物在基体表面沉积形成腐蚀产物膜,作为隔离层可以有效抑制腐蚀介质和其他杂质离子向镀层内部扩散,本质上是起到物理隔离作用。腐蚀产物对镀层的隔离防护作用在于腐蚀产物本身的物理化学特性,如$Zn_5(OH)_8Cl_2 \cdot H_2O$具有致密性和黏附性好的特点。合金元素镁、硅和铼等可以促进腐蚀产物之间的相互转化,从而提高腐蚀产物的致密性,降低镀层的腐蚀速度。然而,大部分腐蚀机理的研究是建立在中性盐雾试验基础上,实际大气环境条件更复杂。

4.4.2 锌铝镁合金镀层的自修复机理

锌铝镁合金镀层钢丝在表面镀层出现局部缺失,暴露出钢铁基底时,会出现"自修复"现象,暴露的钢丝基底会重新出现一层耐腐蚀的保护膜,防止钢丝出现进一步的腐蚀。通过对锌铝镁合金镀层钢板切边的腐蚀行为进行研究发现,锌铝镁合金镀层在循环腐蚀过程中镀层与钢基体发生腐蚀反应的过程如图4-32所示。从图4-32a)中可以看出,在循环腐蚀试验初期,镀层中的镁和锌元素首先发生阳极反应变成离子状态,由于循环腐蚀溶液中水分子的加入,与Mg^{2+}和Zn^{2+}反应生成氢氧化镁[$Mg(OH)_2$]和氢氧化锌[$Zn(OH)_2$]的沉淀,反应的动力为镀层与钢基体之间的电位差。图4-32b)所示为循环腐蚀试验后期锌铝镁合金镀层发生的反应。随着腐蚀溶液中Cl^-的加入,由于镀层中金属化合物间存在电位差,在阴极生成了碱性氯化锌[$Zn_5(OH)_8Cl_2 \cdot H_2O$]腐蚀产物。$Mg^{2+}$首先溶解并沉积在切边部位,作为反应的阴极;$Mg^{2+}$同时也溶解在距切边一定距离的地方作为反应的阳极,从而加强了切边腐蚀过程中阴极的保护作用。

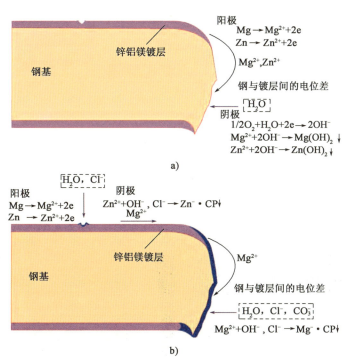

图4-32 锌铝镁合金镀层切边腐蚀过程中电子转移示意图

从锌铝镁合金镀层钢板切边腐蚀产物的成分分析来看,在切边处形成了一层致密保护的膜,其主要成分为碱式碳酸锌[$Zn_4CO_3(OH)_6 \cdot H_2O$]、碱性氯化锌[$Zn_5(OH)_8Cl_2 \cdot H_2O$]、碱性碳酸锌铝[$Zn_6Al_2(OH)_{16}CO_3 \cdot 4H_2O$]及少量氢氧化锌[$Zn(OH)_2$]和氢氧化镁[$Mg(OH)_2$]

等,这些化合物在一定时间内就会覆盖满切边部位。循环腐蚀后形成于断面的保护膜由于具有较差的导电性能,可以对切边部位的腐蚀起到良好的抑制作用。当镀层中加入镁元素后可以抑制镀层表面无保护作用的氧化锌(ZnO)形成,并且碱性氯化锌[$Zn_5(OH)_8Cl_2 \cdot H_2O$]和碱式碳酸锌[$Zn_4CO_3(OH)_6 \cdot H_2O$]填充于腐蚀裂缝中可以进一步阻止腐蚀的发生,从而提高锌铝镁合金镀层的耐蚀性能。另外,镀层中析出的镁与水反应形成氢氧化镁[$Mg(OH)_2$]或羟基碳酸盐类物质,抑制阴极氧的还原反应。随后,镁的反应物[$Mg(OH)_2$]和[$Zn_5(OH)_8Cl_2 \cdot H_2O$]在阴极吸收空气中的二氧化碳($CO_2$)发生碳酸化反应后中性化,降低镀层表面的pH值,促进稳定的碱式碳酸锌[$Zn_4CO_3(OH)_6 \cdot H_2O$]腐蚀产物的形成,从而减缓了腐蚀的进程。且腐蚀产物中电导率较低的碱性氯化锌[$Zn_5(OH)_8Cl_2 \cdot H_2O$]覆盖在镀层表面,形成致密且有效的保护层,可以有效阻止Cl^-的传递,从而提高锌铝镁合金镀层的耐蚀性能。

4.4.3 桥梁缆索用锌铝镁合金镀层钢丝"自修复"功能的研究

深中通道伶仃洋大桥主缆部分钢丝采用了锌铝镁合金镀层。在盐雾试验中,镀层成分Zn-5%Al-1%Mg的锌铝镁合金镀层钢丝耐腐蚀性能达到纯锌镀层的3倍以上。开发中的Zn-6%Al-3%Mg的锌铝镁合金镀层钢丝耐腐蚀性能达到纯锌镀层的5倍,Zn-10%Al-3%Mg的锌铝镁合金镀层钢丝耐腐蚀性能达到纯锌镀层的7倍。同时,锌铝镁合金镀层在盐雾试验中也表现出"自修复"功能。

试验前,将φ6.0mm-2060MPa锌铝镁合金镀层钢丝表面用砂轮锯切出宽2mm、深1mm的缺口,如图4-33所示,同时对比同规格的锌铝合金镀层钢丝。

图4-33 桥梁缆索用锌铝镁合金镀层钢丝表面缺口照片

由于镀层厚度在50μm左右,因此,钢丝的钢铁基底完全暴露,如图4-34所示。

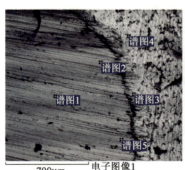
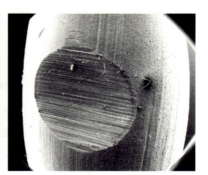

图 4-34

谱图	在状态	C	O	Mg	Al	Mn	Fe	Zn	总体
谱图1	是	0.17	—	—	—	1.04	98.79	—	100.00
谱图2	是	0.51	1.67	—	—	1.06	94.99	1.22	100.00
谱图3	是	0.87	2.44	3.68	5.66	—	—	87.35	100.00
谱图4	是	1.01	—	4.64	5.74	—	—	88.60	100.00
谱图5	是	0.25	—	—	—	0.91	98.42	0.00	100.00
最大		1.01	2.44	4.64	5.74	1.06	98.79	88.60	
最小		0.17	1.67	3.68	5.66	0.91	94.99	0.00	

图 4-34　试验前缺口区域 SEM + EDX 分析

经过 500h 乙酸盐雾试验，锌铝镁合金镀层钢丝和锌铝合金镀层钢丝表现出明显的差异：锌铝镁合金镀层钢丝缺口区域没有出现锈蚀，锌铝合金镀层钢丝缺口区域出现了明显红锈，如图 4-35 所示。

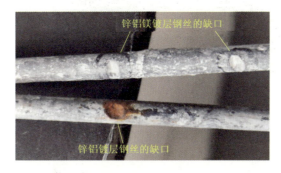

图 4-35　试验后锌铝镁合金镀层钢丝与锌铝合金镀层钢丝的缺口对比

用 SEM + EDX 对锌铝镁合金镀层钢丝缺口区域进行分析。在缺口区域，可以观察到钢丝基体表面均有含锌、镁的化合物存在，如图 4-36 所示。用水冲洗后的钢丝表面，没有检测到钠；没有冲洗的钢丝表面，存在 NaCl，为盐雾试验的盐的残留。

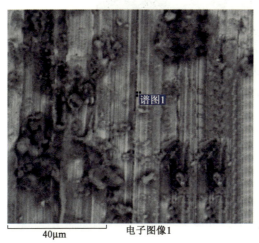

图 4-36　试验后缺口区域 SEM + EDX 分析

对缺口附近的锌铝镁合金镀层的横截面进行 SEM + EDX 分析,发现镀层已经出现部分腐蚀。被腐蚀区域,镀层中镁含量从没有被腐蚀时的 2.8% 降低到 1.4% 左右,如图 4-37 所示。

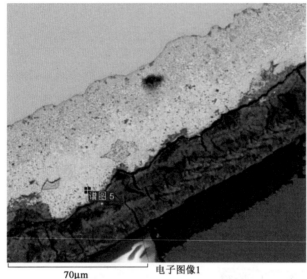

a)试验前

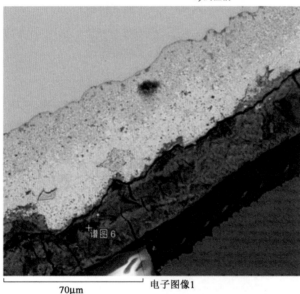

b)试验后

图 4-37 锌铝镁合金镀层横截面 SEM + EDX 分析

从分析中可以看到,桥梁缆索用锌铝镁合金镀层同样表现出锌铝镁合金镀层所特有的"自修复"功能:在盐雾试验中,锌铝镁合金镀层中的镁和锌元素发生阳极反应变成 Mg^{2+} 和 Zn^{2+},通过循环腐蚀溶液流动到缺口钢丝基底上。由于水分子的加入,与 Mg^{2+} 和 Zn^{2+} 反应生成氢氧化镁[$Mg(OH)_2$]和氢氧化锌[$Zn(OH)_2$]的沉淀。因此,在 SEM + EDX 分析中,我们看到原本不存在锌、镁元素的钢丝基底上,检测出锌、镁元素。

锌铝镁合金镀层在 NaCl 溶液中形成的腐蚀产物 $Mg(OH)_2$，可有效抑制碱性锌盐向 ZnO 或 $Zn(OH)_2$ 的转变。镁富集在缺口区域的钢丝基底的界面上，也会抑制 ZnO 的形成。同时镁的加入促进了 $Zn(OH)_2$ 向腐蚀产物 $Zn_5(OH)_8Cl_2 \cdot 2H_2O$ 和 $Zn_6Al(OH)_{16}CO_3 \cdot H_2O$ 转变，使生成的腐蚀产物附着在镀层表面，形成了结构致密的保护膜，有效地降低了腐蚀反应向镀层内部进行的速度，进而恢复了镀层的耐蚀性能，实现锌铝镁合金镀层的"自修复"功能。

通过对盐雾试验后的镀层进行分析，锌铝镁合金镀层中的镁元素因为溶解流失，镁含量从 2.8% 下降到 1.4%。当镁含量进一步下降时，流动到缺口区域的镁离子逐步减少，镀层的"自修复"能力就会逐步降低。

4.5 本章小结

本章介绍了新型缆内湿度及温度监测自感知技术、新型复合防护缠绕防护体系和新型干空气系统自调节技术、锌铝多元合金镀层自修复关键技术，结合高强度耐久主缆钢丝及索股新材料应用，可实现主缆钢丝有效使用 100 年。

(1) 开展了大直径主缆缠丝段密封技术和主缆非缠丝段结构密封性技术研究，提出了索夹部位内部结构、螺栓孔、索夹环缝和对接缝的密封方法，缆套的结构形式以及对接口的密封方式；优化主索鞍和散索鞍的结构形式以及锚固端的密封结构，形成大直径主缆复合防护缠绕密封防护体系。

(2) 提出了智慧索股自感知技术，包括数字钢丝设计、锚固段结构设计、新型智慧索股布置和智慧索股的安装。智慧索股利用数字钢丝代替高强钢丝组成的单根索股，能够实现通长缆索结构内部温度和湿度的准分布式监测。深中通道智慧缆索的温度测量精度为 1℃，湿度测量精度为 5%。

(3) 在智慧索股基础上研发了主缆内部湿度环境和空气压力智能监测技术，实现大桥运营期内主缆内空气温湿度和压力的实时监测；通过空隙流流体力学方法分析主缆内部气流分布特征，提出主缆内温湿度监测点监测方案。研究主缆内干空气系统自调节技术，建立连续送干风的主缆内部除湿系统，在全桥多个进气索夹和排气索夹处分别布设温湿度仪，在进气索夹处布设压力变送器监测主缆除湿系统的送气压力，根据监测指标变化启动主缆除湿系统，通过连续地送干风进行主缆内部湿气的处理，改善主缆内部环境。

(4) 开展了锌铝镁合金镀层在主缆部分钢丝中应用研究。盐雾试验中镀层成分 5% Al-1% Mg 的锌铝镁合金镀层钢丝耐腐蚀性能达到纯锌镀层的 3 倍以上。6% Al-3% Mg 的锌铝镁合金镀层钢丝耐腐蚀性能达到纯锌镀层的 5 倍，10% Al-3% Mg 的锌铝镁合金镀层钢丝耐腐蚀性能达到纯锌镀层的 7 倍。同时，锌铝镁合金镀层在盐雾试验中也表现出"自修复"功能。

第5章 总结与展望

深中通道工程项目是世界级的"桥、岛、隧、地下互通"集群工程,地处珠江口浩瀚的伶仃洋海域,其环境特点是空气中含有大量海风带来的小海盐颗粒。小海盐颗粒溶于小水滴就形成浓度很高的盐雾。海洋腐蚀环境的特点是:温差大、高湿、干湿交替、高盐雾等加速材料的腐蚀进程。以上复杂的海洋环境导致深中通道工程项目的缆索较其他地区的缆索更加容易腐蚀。此外,主缆是桥梁主要承重构件之一,承受着较大的恒载和活载。主缆钢丝(尺寸小、与空气接触面积大、应力高)在应力高峰及局部塑变区、缺陷和微裂处,因腐蚀介质的存在加速裂纹的扩展;在腐蚀疲劳断裂中,反复应力和腐蚀相互促进,也加速裂纹的扩展。随着含碳量和强度的增高,腐蚀疲劳开裂的敏感性也增大。对于新型镀层,腐蚀疲劳与其镀层组织(韧塑性、致密性、晶粒度大小、晶界组织)、腐蚀状态(点状腐蚀、均匀腐蚀等)、腐蚀产物等有极大的关系。

本书基于理论研究、技术创新和工程实践,深入研究了高温、高湿、高盐的恶劣环境下大跨径悬索桥主缆的长寿命问题,从设计、材料、制造和运维的角度全方位的总结了提升主缆长效防腐的技术措施。首先,从大跨径悬索桥主缆的受力特点和服役环境出发,揭示了海洋环境下锌铝多元合金镀层高强度主缆钢丝的腐蚀疲劳机理;阐明了合金元素对锌铝镀层性能的影响规律。其次,介绍了新型耐蚀锌铝稀土(镁)多元合金镀层钢丝的开发过程和模拟海洋环境的腐蚀疲劳等多项试验过程和试验研究结果,探明了新型耐久型钢丝镀层的耐蚀性能和耐蚀机理;在以上锌铝多元合金镀层钢丝研究的基础上,介绍了大直径锌铝稀土(镁)多元合金镀层钢丝索股的锚固有限元模拟分析过程、理论计算结果和工艺试验结论。再次,介绍了大直径锌铝多元合金镀层钢丝索股静载试验和抗疲劳试验相关情况,为相关产品的耐久性和可靠性提供了依据;通过新型镀层钢丝主缆与索夹的原型抗滑试验,探明了新型镀层钢丝主缆与索夹抗滑系数,为设计单位提供依据。最后,本书提出了缆内湿度及温度监测自感知技术、新型复合缠绕防护体系和新型干空气系统自调节技术、锌铝多元合金镀层自修复等关键技术。本书的研究成果已在深中通道等重点工程中实施应用。

回眸过去,中国桥梁在规划、勘察、设计、施工、管养等方面均处于世界领先水平。展望未来,中国桥梁建设发展任重道远。一是针对桥梁上山下海建设需要,研究发展适用复杂海况和山区特殊地质地形与气候条件的工程材料,以改善和提高工程材料的服役寿命和环境适宜性。二是针对超大海峡和山区大峡谷超长、超大跨径桥梁建设需求,研究发展轻质、超高强工程材料,以适应更大跨径桥梁建设需要。三是针对桥梁安全可靠性和灾害防御性需求,研究发展智能化工程材料,以解决桥梁关键构件或部位自感知、自控制、自修复等问题。四是针对上百万座桥梁的养护需要,研究发展低成本、长效耐久的桥梁维修、加固与防护材料。

参 考 文 献

[1] 宋神友,陈伟乐.深中通道桥梁工程方案及主要创新技术[J].桥梁建设,2021,51(5):1-7.

[2] 徐军,吴明远.考虑特殊桥位的深中通道伶仃洋大桥总体设计[J].交通科技,2020(3):6-10,25.

[3] 徐世桥,马如进,陈艾荣.大跨悬索桥主缆长期性能评估与分级[J].桥梁建设,2021,51(5):56-63.

[4] 陈开利.中日悬索桥缆索养护管理关键技术[J].世界桥梁,2020,48(6):72-78.

[5] 刘海燕.日本悬索桥主缆送气干燥系统[J].世界桥梁,2018(4):94-95.

[6] 刘海燕.日本杜鹃花无加劲悬索桥加固[J].世界桥梁,2019(4):92-93.

[7] 陈小雨,唐茂林.悬索桥主缆镀锌钢丝腐蚀过程及抗力变化试验研究[J].桥梁建设,2018,48(1):60-64.

[8] 吴建峰,刘礼华,周祝兵,等.桥梁缆索腐蚀失效及防护技术研究进展[J].公路,2017,62(8):122-126.

[9] 徐伟,张敏.受腐蚀桥梁钢丝的力学性能和剩余强度[J].世界桥梁,2006(2):54-58.

[10] 丰世林,李浩.基于有限元仿真腐蚀疲劳试验方案研究[J].中国标准化,2021(8):178-181.

[11] 郑凯锋,张宇,衡俊霖,等.国内外耐候钢腐蚀疲劳试验技术发展[J].哈尔滨工业大学学报,2021,53(3):1-10.

[12] 夏禾,徐幼麟,阎全胜.大跨度悬索桥在风与列车荷载同时作用下的动力响应分析[J].铁道学报,2002(4):83-91.

[13] 中华人民共和国交通运输部.公路悬索桥设计规范:JTG/T D65-05—2015[S].北京:人民交通出版社股份有限公司,2015.

[14] 刘永辉,张佩芬.金属腐蚀学原理[M].北京:航空工业出版社,1993.

[15] 纪红,张文梅,樊志罡,等.循环盐雾标准方法[J].环境技术,2016,34(1):53-56,60.